AGRIDOCE

AGRIDOCE

O SABOR DE EMPREENDER COM AS PRÓPRIAS MÃOS

2022

Mazé Lima

AGRIDOCE
O SABOR DE EMPREENDER COM AS PRÓPRIAS MÃOS
© Almedina, 2022
AUTOR: Mazé Lima

DIRETOR DA ALMEDINA BRASIL: Rodrigo Mentz
EDITOR DE CIÊNCIAS SOCIAIS E HUMANAS E LITERATURA: Marco Pace
ASSISTENTES EDITORIAIS: Isabela Leite e Larissa Nogueira
ESTAGIÁRIA DE PRODUÇÃO: Laura Roberti

REVISÃO: Luciana Boni e Letícia Gabriella Batista
DIAGRAMAÇÃO: Almedina
DESIGN DE CAPA:
Filipe Vieira Marcolino

ISBN: 9786587019444
Novembro, 2022

Dados Internacionais de Catalogação na Publicação (CIP)
(Câmara Brasileira do Livro, SP, Brasil)

Lima, Mazé
  Agridoce : o sabor de empreender com as próprias mãos / Mazé Lima. -- São Paulo, SP : Actual, 2022.

  ISBN 978-65-87019-44-4

  1. Administração de empresas 2. Empreendedores - Autobiografia 3. Empreendedorismo 4. Freitas, Maria José de Lima 5. Gestão de negócios 6. Sucesso nos negócios 7. Superação - Histórias de vida I. Título.

22-118597   CDD-338.04092

Índices para catálogo sistemático:

1. Empreendedoras : Histórias de vida 338.04092

Eliete Marques da Silva - Bibliotecária - CRB-8/9380

Este livro segue as regras do novo Acordo Ortográfico da Língua Portuguesa (1990).

Todos os direitos reservados. Nenhuma parte deste livro, protegido por copyright, pode ser reproduzida, armazenada ou transmitida de alguma forma ou por algum meio, seja eletrônico ou mecânico, inclusive fotocópia, gravação ou qualquer sistema de armazenagem de informações, sem a permissão expressa e por escrito da editora.

EDITORA: Almedina Brasil
Rua José Maria Lisboa, 860, Conj.131 e 132, Jardim Paulista | 01423-001 São Paulo | Brasil
www.almedina.com.br

Ao meu saudoso pai, Dico do Zé Lima.
À minha mãe, Nenzinha do Piquito.
Aos meus filhos Tirzah e Gabriel.
Vocês fizeram de mim uma mulher forte, corajosa e destemida, capaz de superar qualquer desafio e realizar grandes sonhos!
Amo vocês, infinitamente.

AGRADECIMENTOS

*Diego Travez, obrigada por acreditar no meu potencial
e me incentivar a contar a história da minha vida.*

*Tirzah e Gabriel, obrigada pelo amor, pela amizade
e pelo companheirismo diário: vocês são a razão de tudo.*

SUMÁRIO

PRÓLOGO 11

PARTE 1 – A FARTURA MORA NO PRATO RASO 15

   1 – NEM TUDO SÃO FLORES 17
   2 – O SOL NASCE PARA TODOS 23
   3 – QUEM CASA QUER CASA 31
   4 – O SILÊNCIO VALE OURO 35
   5 – A FÉ MOVE MONTANHAS 39
   6 – QUEM PLANTA, COLHE. 43
   7 – OS ÚLTIMOS SERÃO OS PRIMEIROS 49
   8 – UM DIA É DA CAÇA, OUTRO DO CAÇADOR. 53
   9 – QUANDO UMA PORTA SE FECHA, OUTRA SE ABRE 57

PARTE 2 – NÃO EXISTE MEIA MEDIDA 61

   10 – PARA BOM ENTENDEDOR, MEIA PALAVRA BASTA 63
   11 – RAPADURA É DOCE, MAS É DURA 69
   12 – ÁGUA MOLE EM PEDRA DURA, TANTO BATE ATÉ QUE FURA 75
   13 – DEUS AJUDA QUEM CEDO MADRUGA 79
   14 – NADA COMO UM DIA DEPOIS DO OUTRO 83
   15 – A NECESSIDADE É MESTRA 87
   16 – ANTES TARDE DO QUE NUNCA. 91
   17 – DE GRÃO EM GRÃO, A GALINHA ENCHE O PAPO 95
   18 – HÁ MALES QUE VÊM PARA O BEM 99
   19 – FILHO DE PEIXE, PEIXINHO É 103
   20 – A INTENÇÃO É QUE FAZ A AÇÃO. 107
   21 – QUEM NÃO ARRISCA, NÃO PETISCA 113
   22 – VÃO-SE OS ANÉIS, FICAM OS DEDOS 117
   23 – MEIO PEDRA, MEIO TIJOLO 123
   24 – A UNIÃO FAZ A FORÇA 127
   25 – A FALA CONVENCE, O EXEMPLO ARRASTA 131
   26 – MAIS VALE UM GOSTO DO QUE UM CARRO DE ABÓBORAS 137

PARTE 3 – DE MARIA A MAZÉ.................................. 147

   27 – ANTES SÓ DO QUE MAL ACOMPANHADA.................. 149
   28 – A GRATIDÃO É A MEMÓRIA DO CORAÇÃO............... 153
   29 – A DOR É FÉRTIL: DELA SE BROTA A FORÇA............... 157
   30 – DEVAGAR SE VAI AO LONGE........................... 167

CAPÍTULO FINAL.. 175

   MÚSICA DO SEBRAE....................................... 181

PRÓLOGO

Nem tudo que reluz é ouro

Era uma manhã fria, de névoa baixa, quando saí, às pressas, com minha filha no colo, acompanhando meu marido Chico. Tirzah tinha pouco mais de um ano, e suas bochechas – agora vermelhas – davam sinais de febre. "Uns 38 graus", medi, com meu olhar certeiro de mãe. De madrugada, ela acordara chorando, com o nariz entupido e os olhos cheios de remela, que limpei cuidadosamente, para depois amamentá-la. Infelizmente, mais uma gripe chegara para tirar meu sono – e o da pequena Tirzah.

Antes de descermos o morro, pegamos as sacolas e a lata de leite que Chico trouxera, mais cedo, do curral. Nosso rancho era muito simplório e ficava em uma "roça" chamada Ponte Grande, município de Carmópolis de Minas, situado na região Centro-Oeste de Minas Gerais, há mais ou menos 110 quilômetros da capital mineira. Dali, caminhamos por vinte minutos, entre trilhos e estradas, até chegarmos à BR-381, em busca de uma carona para a cidade. O vento que vinha dos automóveis e caminhões batia sem trégua, enquanto eu me virava de costas para proteger Tirzah. Chico fez sinal para um carro que, por sorte, resolveu parar. Rapidamente, pegamos as sacolas, a lata de leite, e corremos em sua direção.

Ao me acomodar naquele estofado macio e perfumado, não entendi, de imediato, o que se passava no interior do carro. Minha atenção estava voltada, naquele instante, para o banco do motorista: pela primeira vez, eu via, de perto, uma mulher guiando pela autoestrada. Era 1991 e eu, Maria José de Lima Freitas, acabara de completar 20 anos.

A mulher e Chico já se conheciam, como percebi minutos depois. Dona do laticínio Cabeça D'Anta, que produz um dos melhores requeijões do estado, Lúcia Santos pertencia a uma abastada família mineira, e tinha uma propriedade na rua Luís Alves, em Carmópolis, ao lado da casa do meu sogro. Casada, com dois filhos, esteve até mesmo em nosso casamento, embora eu não me lembrasse. Não tardou para que ela e Chico começassem a conversar sobre negócios, e Lúcia contou sobre sua saga do dia anterior. Ao chegar cedo no laticínio, descobrira que sua desnatadeira estava quebrada. Por isso, nem bem amanhecera, ela já seguia rumo a Belo Horizonte, para mandar consertar a máquina. Mesmo com uma distância considerável, Lúcia foi e voltou pela estrada duas vezes até chegar, no fim da tarde, com a desnatadeira pronta para retomar a produção.

Sentada no banco de trás, admirada com toda a história, estava eu. Magra, roupas muito simples, um cabelo volumoso amarrado em um rabo-de-cavalo, e uma bebê gripada no colo, com seu cabelo fino e loiro, desgrenhado pelo vento. Enquanto os dois conversavam, meu pensamento viajava através da janela. Nosso trajeto duraria cerca de cinco quilômetros até a pequena cidade de Carmópolis, que contava com um hospital e uma melhor infraestrutura. Ao olhar brevemente para frente, esqueci a paisagem da estrada e ganhei coragem para observar Lúcia: mãos muito bem cuidadas, unhas pintadas de vermelho, e dedos cobertos por anéis, que reluziam sempre que ela passava a marcha. Quando segurava o volante, o sol batia em suas joias e o brilho refletia por todo o carro.

Eu estava encantada com a forte presença daquela mulher e, naquele momento, desejei imensamente ser como ela. O mundo, através de seus reflexos, parecia mostrar novas possibilidades para mim. Lúcia parecia guiar o carro – e a vida – com uma coragem e um entusiasmo que eu nunca vira antes. Tudo o que eu mais queria, a partir daquele dia, era existir como aquela mulher.

Em uma cidade como Carmópolis de Minas, na época com menos de 15 mil habitantes, existir era uma questão de sobrenome. Ali, existiam os Paolinelli, os Faleiros e os Amaral. Se você nascesse uma mulher Pereira ou Lima, como eu, sua existência seria sempre ligada à de outra pessoa. Assim como a filha do Dico do Zé Lima. Ou a mulher do Chico do Tezinho.

O que eu não sabia, entretanto, é que levariam duas décadas, desde aquela viagem de carro, para que eu pudesse, de fato, existir. Sim, existir, e me tornar uma empresária que fez, do seu próprio nome, uma grande marca. Hoje, abro meu computador e aquela jovem tão simples, que almejava ser como Lúcia, sorri dentro de mim. Na tela, vejo os resultados: são toneladas de doces feitos artesanalmente e distribuídos em dezenas de pontos de vendas em todo o país, com um faturamento de milhões de reais por ano. Além disso, conquistei uma forte presença digital, com milhares de vendas on-line, uma equipe de dezenas de funcionários, em que 90% são mulheres, e um conhecimento de mais de vinte anos de uma arte centenária: a da fabricação de frutas cristalizadas, compotas e geleias.

Com doçura, respeito e muito amor, sigo firme na minha trajetória, com o propósito de dividir meus aprendizados e espalhar meu nome – e o da Mazé Doces – pelo mundo. O caminho, já adianto, não foi fácil. Quebrei. Recuei. Perdi tudo. Voltei. Ao atender ao meu desejo de precisar existir, consegui ir além. Para ser doce, fui agridoce também.

PARTE 1
A FARTURA MORA NO PRATO RASO

1 – NEM TUDO SÃO FLORES

No Paiol – povoado perto de Carmópolis, onde nasci e cresci – meu aniversário era o momento mais feliz e aguardado do ano. Eu esperava 365 dias por aquele 21 de fevereiro, data em que minha mãe escolhia e preparava para mim o melhor frango do galinheiro, fazia um delicioso doce de leite e me dava folga das obrigações. No dia do meu casamento, a alegria não foi diferente. A festa tinha carne de porco (que meu pai engordou para a ocasião), mandioca-frita, torresmos, pães de queijo, cachaça, batida de coco e um pouco de cerveja morna, culpa da nossa velha geladeira. Mesmo vindo de família humilde, minha mãe sempre nos ensinou a celebrar a vida, aprendizado que carrego até hoje.

No fim da infância, eu já sonhava em me casar, assim como a maioria das meninas do povoado. Quando vendi um leitão que ganhara de presente, encomendei à Fininha as primeiras peças do meu enxoval. Fininha, nossa vizinha e grande tecedeira, era uma mulher exemplar que cuidava dos filhos e ganhava dinheiro tecendo colchas e tapetes de fiado. Aos 11 anos de idade, sentada em um banquinho, em frente ao tear, eu observava Fininha trabalhar, enquanto me imaginava casada, indo embora do Paiol. Naquele tempo, eu não sabia que, cinco anos mais tarde, conheceria meu marido e realizaria meu sonho de vestir-me de noiva.

Em 1987, durante as festividades da Semana Santa, eu caminhava pelas ruas de Carmópolis, quando ouvi Fuguete, meu conhecido e futuro amigo, me chamar:

– Quinha! – Era esse meu apelido. – Quero te apresentar meu amigo, Chico.

O rapaz andou em minha direção, segurou minhas mãos, olhou-me fixamente nos olhos, mas não dei muita atenção. Daquele momento em diante, Chico passou a me seguir por toda a cidade, deixando claro o seu interesse. Eu tinha quase 17 anos, ele, 31. Inteligente, bonito, forte e rude, era considerado um dos melhores caçadores da região. Com o passar dos meses, acabei me apaixonando por ele, apesar da nossa diferença de idade. E, assim, começamos a namorar, para desgosto dos meus pais, que achavam que aquele experiente homem não era o moço certo para mim.

No povoado de Ponte Grande, Chico tinha uma lavoura de café no terreno do pai, Seu Tezinho, que também era dono do famoso "Botequim do Tezinho", em Carmópolis. Durante toda a minha infância, nas festas da Semana Santa e de Nossa Senhora do Carmo, era lá que meus pais nos levavam (eu e meus irmãos) para comer pastel e tomar Guaraná Antarctica. Na minha memória, as festividades são sempre marcadas por seus sabores – e sorrisos.

Durante nosso namoro, Chico me cobria de presentes. Comprava metros de seda, que minha mãe – costureira de profissão – transformava em lindas peças para o meu guarda-roupa. Também gostava de me presentear com joias, chegando até mesmo, em uma ocasião, a vender seu Corcel laranja para poder me dar um cordão de ouro. Anos mais tarde, compreendi que aquela era a sua maneira de me apresentar um estilo de vida melhor do que o meu.

Certa vez, quando eu e Chico chegamos na cozinha de sua casa, encontramos, à meia luz, meu futuro sogro e seu amigo Miguel torrando fubá para fazer farinha. A farinha de fubá torrada era usada para comer com café, ou mesmo para misturar com a comida. Logo que me viu, Seu Tezinho disse, com carinho:

– Entra, filha.

Meu coração se encheu de alegria. Pouco a pouco, eu me sentia parte daquela família.

No dia do meu casamento, eu estava radiante. Antes da cerimônia, lembro-me de estar sentada com meu vestido branco de mangas bufantes e decote em V, enquanto tomava uma xícara de café trazida pelo Seu Edward. A esposa de Edward, Dona Nilce, tinha uma casa de noivas, onde aluguei meu vestido, que traduzia bem a menina de 18 anos que eu me tornara: romântica e cheia de esperanças. Com apenas as unhas das mãos feitas, uma leve maquiagem no rosto e um delicado arranjo de flores na cabeça, eu carregava na mente muitos sonhos e, no ventre, minha maior companheira de vida: Tirzah.

Logo após o casamento, partimos para a nossa lua de mel. Chico pegou um Fusca emprestado e fomos para uma reserva ecológica na Mata do Cedro, há menos de 20 quilômetros de Carmópolis. A ideia era passarmos nossos dias em uma simplória construção de pau que chamamos de tapera[1], às margens do Rio Pará. Infelizmente, as chuvas de dezembro não deram trégua. Assim que chegamos, ele foi armar a rede no rio, conhecido por seus perigos e correntezas. Como eu não sabia nadar, Chico atravessou as águas agitadas, a nado, me levando com ele. Grávida, eu observava, com medo, a água me puxar para a direção contrária. Mal sabia que muitas outras turbulências viriam me acompanhar pela vida afora.

Após a travessia, caminhamos rumo à tapera, mas nos perdemos na mata fechada. Já era noite quando finalmente encontramos o nosso refúgio.

---

[1] tapera: habitação em ruínas; povoação ou casa abandonada.

No segundo dia, a chuva amanheceu mais forte. Chico saiu cedo para recolher as redes que havia armado, e me deixou um aviso: "caso eu não volte até meio-dia, tome providências". Com a ansiedade no peito, resolvi abater o frango que levamos, e o cozinhei no fogão improvisado com pedras. O preparo levou horas. Do lado de fora da tapera, eu ouvia o trepidar do fogo, o som das águas do rio e o canto dos pássaros que ali viviam. Já passava de meio-dia, e Chico não havia voltado. Apavorada, comecei a rezar. Meia hora depois, não conseguia mais conter o choro: eu sentia um medo inexplicável. Medo de que Chico tivesse morrido. Medo de não saber sair daquele lugar. Medo de ficar viúva logo após o casamento. Não sei quantos minutos se passaram (ou o quanto chorei), quando vi sua figura despontar, ao longe, no descampado. Todo o meu desespero se transformou, naquele instante, em uma enorme felicidade.

Após voltarmos da lua de mel, fomos morar na casa do meu sogro, no centro de Carmópolis, já que a lavoura do meu marido havia acabado, tempos antes. Seu Tezinho era viúvo, dividia a casa com seus três filhos solteiros, e agora eu chegava grávida com Chico, para me juntar àquela família de hábitos – e cultura – bastante distintos dos meus.

Como sempre vivi e trabalhei na roça, a mudança não foi nada fácil. Eu me sentia como um peixe fora d'água naquela cidade que, para mim, era uma grande metrópole. Todos os dias em que me olhava no espelho, minha imagem refletia apenas um pensamento: aquele lugar não era meu. Infeliz e envergonhada, mal tinha coragem de abrir a geladeira da casa, tampouco fazer novas amizades. Com os preparativos do casamento, minhas economias acabaram, e eu não tinha dinheiro algum. Além de me sentir inadequada, eu também estava só. No fim do dia, Chico saía, pontualmente, para beber nos bares da redondeza, e só voltava tarde da noite. Com os olhos inchados de tanto chorar, eu passava a madrugada a esperá-lo, enquanto os ponteiros do relógio marcavam minhas incertezas.

Nesse período conturbado, minhas recordações surgiam nítidas para me encorajar. Quando criança, eu adorava me pendurar nos topos dos pés de pitanga para colher os melhores frutos. Acontece que a pitangueira não é uma árvore firme. Ela balança muito, e meus primos e irmãos agarravam-se a ela para me fazer cair. Lá em cima, eu me prendia em seus galhos, enquanto tentavam, sem sucesso, me derrubar. Sozinha, em meu quarto em Carmópolis, eu sabia que novamente precisava me segurar para não desabar. Nisso, minha infância me tornara boa: eu aprendera a contar com a minha própria força. Ao me imaginar segura na pitangueira, eu continuava em frente. Nada – nem ninguém – me jogaria no chão.

*Quando sentir que tudo
vai desmoronar,
acredite em sua força
e segure firme
em si mesmo.*

2 – O SOL NASCE PARA TODOS

Durante minha infância, bastava minha mãe anunciar que precisava de alguma coisa para que eu e meus irmãos corrêssemos para atendê-la.

– Quinha, vem aqui!

No mesmo instante, eu largava meus afazeres e seguia até sua casinha de costura, onde a encontrava, atordoada, em meio a panos, linhas e agulhas. Minha mãe era uma excelente costureira e passava os dias junto à sua velha máquina para ganhar migalhas de dinheiro – ela dava muito mais do que cobrava. Ao me ver, continuava:

– Vai na mãe saber notícias da Lita. Aproveita e avisa que vou lá no domingo!

Tia Lita tinha sérios problemas mentais e, volta e meia, passava por surtos: abraçava uma árvore e ficava assim, por horas. Sempre que as crises surgiam, era eu quem "pagava o pato".

– E vai depressa! – Minha mãe ordenava. – Vou cuspir no chão e você vai voltar antes do cuspe secar, senão vai apanhar!

Essa era a marca que eu tinha para resolver os problemas que surgiam: o tempo de um cuspe secar no chão.

Ao primeiro sinal daquela ordem, eu saía, desesperada. Corria por todo o brejo, depois subia e descia os morros com rapidez. Certa vez, senti a morte de perto. Eu precisava atravessar uma enorme pinguela[2] para cruzar o rio que, na ocasião, havia transbordado. Com cuidado, comecei a tatear os pés na madeira, enquanto segurava o corrimão de bambu. Ao chegar no leito do rio, a correnteza estava tão forte que meus pés se perderam da pinguela. Agarrei-me, então, ao cabo de aço do corrimão que, naquele momento, não contava mais com o bambu. Nadei, mesmo sem saber, para tentar sobreviver. Deslizando as mãos no cabo de aço, consegui chegar ao outro lado do rio, a tempo de retornar para casa com a marca do cuspe, ainda molhada no chão.

Nessa época, colecionávamos atos de coragem, mas tínhamos medo da Mula Sem Cabeça, do Saci-Pererê e de todas as assombrações que habitavam o Paiol. As figuras folclóricas tomavam vida nos contos do tio Valdomiro, grande contador de histórias e maior especialista em fantasmas da região. Diziam as más línguas que o tio Valdomiro guardava, dentro de casa, o diabo preso em uma garrafa, o que me amedrontava – e me amedronta até hoje. Com tantos casos assustadores, uma coisa era certa: não tínhamos medo de cobra, nem de gente.

Aos sábados, minha mãe nos acordava às 3h30 da manhã. Primeiramente era o Celinho, depois a Carminha e, por último, eu. Beth, minha irmã mais velha, já havia se mudado para a cidade grande, e Alexandre ficava em casa porque era muito pequeno. Em seguida, ela nos dava o café da manhã e, lá pelas 4h30, saíamos de casa, em fila indiana, rumo ao Capão Grande, um outro povoado há mais de uma hora de caminhada do Paiol.

Celinho, meu irmão epiléptico, sempre muito agitado, tinha pelo menos duas convulsões por dia. Vivíamos entre as tentativas de conter suas crises e as risadas que dávamos de suas atrapalhadas ideias de

---

[2] pinguela: peça de madeira atravessada sobre um leito de água para servir de ponte.

negócios à base de trocas, que regionalmente chamamos de catiras. Aos domingos, eu o acompanhava até o campo de futebol, onde ele vendia carne de tatu frita e eu tentava convencê-lo a fazer uma catira que me favorecesse, o que, nesse caso, era trocar um pedaço de tatu por minhas balas preferidas. Meu irmão me ensinou, desde cedo, o poder da persuasão, já que era um vendedor nato e convencia a todos das catiras mais absurdas do mundo.

No caminho para o Capão Grande, Celinho arrastava um enorme bambu, enquanto cada um de nós levava um saco trançado nas mãos. Era a hora de apanhar bioloscas[3] na fazenda do Léo do Ziquita, onde tínhamos que chegar cedo para que o bravo fazendeiro não nos pegasse em flagrante. Minha mãe, sempre à frente do seu tempo, fazia coisas que as mulheres da roça, na época, não faziam. Ela era destemida e, assim, nos ensinava a ser também. Para perdermos o medo de altura, ela nos incentivava a subir nas árvores de bioloscas, puxar seus galhos com um gancho, balançá-los e, dessa forma, jogar suas vagens no chão. Essas árvores têm troncos enormes, copa muito alta e galhos que quebram à toa, o que significa um grande risco de queda. No entanto, estávamos sempre lá: enganchados, sem medo e certos de que iríamos conseguir. Se nossa mãe nos mandava subir, era porque daríamos conta.

Logo após enchermos os sacos de bioloscas, voltávamos para casa. Lá, separávamos as sementes das vagens e as "medíamos em litros" para vendermos, depois, ao nosso tio Zé Broa.

Medo de brejo, caranguejo e machucados nos pés descalços não nos paravam. Era chegar da escola, almoçar, pegar um saco e, juntas, eu e Carminha entrávamos sem medo no meio do taboal para cortar taboas[4]. Dois anos mais velha do que eu, minha irmã era um risco[5].

---

[3] bioloscas: vagem que dá apenas uma semente dura, usada pelos indígenas para fazer colar.
[4] taboas: planta hidrófita, perene a ereta, cuja fibra é excelente para fazer estofados.
[5] risco: muito ligeira.

Quem a via miúda, com aqueles olhos feito jabuticabas maduras, não podia imaginar sua coragem, força e determinação. Carminha sempre me empurrava rumo ao desconhecido e também me obrigava a trabalhar duro. Com ela, aprendi a gostar de tarefas que antes me faziam perder a paciência, como varrer o enorme terreiro[6] de casa, coar sacos de fubá e arear vasilhas de alumínio no córrego. Com Carminha, eu saía às 4h30 da manhã para a escola, que ficava no povoado do Bom Jardim das Pedras, há uns 5 km da nossa casa. Não importava se chovia ou se geava, lá estávamos nós, com os pés molhados ou congelados, antes das 6h da manhã, para uma aula que só começava às 7h. Com Carminha, aprendi a ser disciplinada e a fazer o que fosse preciso, inclusive dar surras nos garotos da escola, mesmo que isso significasse levar uma outra surra em casa.

Quando acabávamos a colheita das taboas, meu pai levava os sacos para casa, que ali ficavam amarrados por vários dias. Depois, colocávamos um lençol no chão para puxarmos e soltarmos as plumas dos caules, que logo se transformariam em travesseiros, prontos para serem vendidos.

O valor que ganhávamos com a venda das biloscas e das taboas era muito próximo a nada, mas minha mãe não conseguia negar o pedido do meu tio, Zé Broa, que queria o material para vender no Ceasa-MG. Sendo assim, trabalhávamos muito, recebíamos pouco e não tínhamos grandes planos para o futuro. Minha mãe também costurava roupas de cama, plantava alho, fazia polvilho e nos colocava para vender seus produtos. Ela sempre nos dizia que, dessa forma, aprenderíamos a negociar, o que – de fato – fez com que eu desenvolvesse um olhar mais apurado para as vendas e os negócios.

Quando eu tinha 7 anos, minha mãe me escolheu para fazer os doces da casa. O primeiro que fiz sozinha foi de mamão ralado, que ficou bem registrado na minha memória. Lembro-me do meu pai

---

[6] terreiro: porção de terra larga e plana.

chegar com os mamões em um enorme saco de papel, desses de ração. Eram mamões grandes, muito verdes e cheios de leite. Com certa dificuldade, consegui cortá-los, limpar suas sementes brancas e separá-los em fatias. Em seguida, ralei cada uma, para depois fazer o doce de mamão, adoçado com rapadura. Confesso que não gostava de doces feitos com rapadura, porque ficavam escuros e com gosto forte. No entanto, como não tínhamos açúcar, não me restavam opções.

Assim que terminei de fazer o doce, outra tarefa me aguardava: olhar meu irmão mais novo, que tinha quase 3 anos. Antes de seu nascimento, eu era a caçula que me sentia amada e querida naquela família, até começar a ouvir comentários de que um avião jogaria um menino em nossa casa e eu perderia, assim, o meu lugar. Quando Alexandre chegou, meu mundo, então, desmoronou. Inconformada, fiz mil planos para – quem sabe? – colocá-lo de volta no tal avião e mandá-lo para o lugar de onde viera, mas não funcionou. Ao completar um ano, eu, ele e Carminha estávamos debaixo das moitas de cana-caiana, quando o vi caminhar em minha direção, com os braços abertos e um enorme sorriso no rosto. Naquele instante, senti que poderia amá-lo. É claro que passamos anos de nossas vidas a brigar e a disputar a atenção de nossos pais, mas com meu irmão mais novo aprendi que há sempre um lugar de amor em nossos corações. Todos nós temos um espaço reservado no mundo, e o sol sempre nasce para todos.

Naquele dia, após finalizar meu primeiro doce, encontrei Alexandre brincando no terreiro, sem nenhuma roupa. Com a inocência dos meus sete anos, coloquei-o dentro do saco de ração em que vieram os mamões e, em seguida, segurei na borda da embalagem e mandei que ele pulasse. Nossa brincadeira durou poucos minutos, até meu irmão começar a chorar. Seu corpinho, sempre muito branco, estava todo vermelho, e ele se coçava muito.

Ao ouvir a confusão, minha mãe saiu de sua casinha de costura, furiosa. Esbravejou por precisar passar dias e noites costurando, sem sequer ter um minuto de paz. Ao ver meu irmão ardendo em brasa, não pensou duas vezes: arrancou o chinelo do pé, me segurou e me deu uma surra para eu aprender.

E eu aprendi. Aprendi a gostar menos ainda de fazer doces, mas isso não tirava a minha obrigação de fazê-los. Quando chegava março, época das goiabas, meu tormento aumentava. Para começar, tinha que buscá-las no pasto. Eram galhos me espetando, marimbondos e abelhas me picando, e taturanas me sapecando. Na hora de fazer a goiabada, as frutas espirravam para todos os lados, o que me enlouquecia. Para mexer o doce, eu vestia uma calça velha e um antigo paletó do meu pai, amarrava um pano no rosto deixando apenas meus olhos de fora, e subia em uma meia parede, onde ficava o fogão a lenha. Mesmo com o perigo de cair dentro do tacho, eu reclamava, mas não adiantava. Os doces eram a minha tarefa, e todos esperavam para saboreá-los no domingo.

Naquelas horas eu não percebia – e levei anos para perceber – que, mesmo sem saber, minha mãe plantava ali uma semente em mim. No momento em que eu mais precisei, ela germinou e floresceu. A meu ver, esse é o nosso dever enquanto pais e seres humanos: plantar sementes nos corações dos nossos filhos e de quem estiver por perto. Durante a infância, aprendi a importância da agilidade, da disciplina, da confiança e, principalmente, da coragem para enfrentar novos desafios. Como já disse, nós não tínhamos medo de cobra, nem de gente. Subir em árvores, então, nunca foi uma dificuldade. Difícil mesmo era lidar com os problemas que a vida e a idade começavam a trazer. É o amargor que, aos poucos, fui tentando adoçar.

Tenha coragem
para começar,
confiança para
prosseguir e,
sempre que possível,
incentive alguém
a encontrar sua força.

3 – QUEM CASA QUER CASA

Os meses em que morei na casa do meu sogro, em Carmópolis, logo me fizeram ter saudades da roça e de toda a liberdade que eu sentia por lá. Em um momento de grande descontentamento, cheguei perto do meu marido e disse:

– Chico, vamos morar lá no rancho, na Ponte Grande?

A princípio, ele duvidou do meu convite, já que o rancho era um lugar pequeno e sem infraestrutura, onde as ferramentas de sua antiga lavoura de café ficavam guardadas. Mesmo assim, eu já me alegrava com a possibilidade. Acreditava que, se nós nos mudássemos, Chico "criaria juízo" e começaríamos uma vida do nada, tal como meus pais, que compraram um terreno com muito esforço e construíram, ali, nossa família.

Quando Chico percebeu que eu realmente falava sério, aceitou minha proposta. Grávida de seis meses, fui, então, à casa dos meus pais pegar meu dote[7] – que eu mesma havia comprado: minha vaca, minhas galinhas, meu cachorro, além de um casal de patos que minha mãe me dera e uma porca, presente do meu pai. Na hora em

---

[7] dote: bens transferidos da família da noiva para o noivo ou sua família.

que eu colocava os animais em um caminhão emprestado, chegava, em nossa família, minha irmã do coração, Maria Fernanda. Nanda, como passamos a chamá-la, veio para encher a casa dos meus pais de alegria, e nos despertar para o respeito, o amor e o acolhimento. Eu mal sabia que, tempos depois, ela se tornaria uma grande amiga e fiel companheira de aventuras da minha filha.

Após pegar meus pertences, segui para um novo capítulo da minha vida. O rancho tinha apenas um cômodo e era de chão batido, que eu sempre aguava antes de varrer. Nossa cama era feita com quatro fileiras de tijolo e oito tábuas, onde repousava um fino colchão. Aos pés da cama, montamos um berço, ao lado de uma caixa grande e antiga. Havia também uma cama de solteiro, uma mesa quadrada com quatro banquinhos e um puxado[8], onde ficava um fogão a lenha e uma pia com mangueira. Como não tínhamos torneira, a água corria direto e caía dentro de uma lata, o que provocava um barulho semelhante ao de uma cachoeira.

No terreno, plantamos uma horta e meu pai fez um forno no cupim, onde eu assava minhas quitandas. Chico tirava o leite da vaca e eu fazia o queijo. Em março, colhíamos goiabas para fazer doce. E, assim, fomos vivendo de amor.

As pessoas insistem em dizer que é preciso muito para ser feliz, no entanto, isso não é bem uma verdade para mim. Acredito que a felicidade more em nossos corações. No rancho, não tínhamos nada, mas eu estava muito feliz. Sentada em um banco de pedra que Chico fizera com as próprias mãos, eu lia o livro "Ben-Hur" e pensava que, se estivesse esperando uma menina, ela se chamaria Tirzah.

Em uma manhã de abril, na lenta espera pela chegada do meu bebê, resolvi preparar um doce com o que tinha à mão. Quase sem energia pelo fim da gestação, lentamente torrei um punhado de amendoins na panela. Como não tinha liquidificador, peguei um pano de prato,

---

[8] puxado: pequena dependência contígua a uma casa; anexo.

fiz uma trouxinha com os amendoins torrados e, com um martelo, bati cuidadosamente até triturá-los. Depois, misturei-os com açúcar, leite e uma colher de achocolatado, até a massa tornar-se homogênea. Junto com minha irmã Beth, que chegou para me visitar, enrolamos e moldamos deliciosos cajuzinhos para servir para as eventuais visitas.

Beth, minha irmã mais velha, é uma cuidadora nata. Cuidou de mim, desde que eu nasci, dos meus irmãos, das tias de resguardo e seus respectivos bebês, dos nossos pais e avós. Sempre muito disposta, carinhosa e dedicada, me ajudou ao longo dos anos a cuidar dos meus filhos, principalmente no início do meu negócio, tomando conta de Gabriel. Com ela, aprendi a importância de sermos bondosos e amorosos, na medida certa.

Dias após o encontro com Beth, eu estava sozinha no rancho, quando resolvi chamar meu marido. Os animais faziam uma algazarra no terreiro e, por alguns minutos, fiquei paralisada, certa de que entrava em trabalho de parto. Quando Boneca, nossa cachorra, começou a uivar, agradeci a Deus pelo sinal: Chico estava chegando. Achei por bem avisá-lo da situação, já que minha barriga parecia cada vez mais estranha. Embora incrédulo, ele resolveu me levar à cidade, pouco tempo depois. Pegamos uma lata de leite, um saco de milho verde e descemos até a fazenda do Sr. Ildeu Paolinelli, onde conseguimos uma carona no caminhão de leite, que partia para Carmópolis.

Na cidade, deitada em uma cama na casa do meu sogro, em meio às contrações que se intensificavam, eu ouvia nosso amigo Fuguete anunciar, quando alguém o convidava para sair:

– Posso não, a mulher do Chico está juntando palha para ganhar menino.

Naquela época, muitas vezes, nossa vida se confundia com a dos bichos.

Não arrume desculpas para não fazer algo, só porque a situação não é a que você idealizou. Aja com o pouco que você tem e verá o quanto isso é transformador!

4 – O SILÊNCIO VALE OURO

Na sala de espera do hospital, me peguei assistindo ao "Show da Xuxa" na TV, quando, para minha surpresa, me chamaram na recepção. Era 26 de abril de 1990. Chico havia ido embora sem fazer minha ficha e, em meio às dores do parto, eu precisava cadastrar a minha entrada.

Após entregar os documentos, fui levada para a enfermaria. Lembro-me que estava no horário de visitas e, desesperada pela quantidade de pessoas que circulavam, fui procurar um lugar para ficar. Assentei-me, então, no chão frio, em um canto do banheiro. Eu só queria um pouco de paz para as contrações que iam e vinham, com um intervalo cada vez menor. Umas senhoras que ali estavam tentaram me convencer a ir para cama, mas permaneci no mesmo lugar até minha cunhada, Beatriz, surgir para me ver. No mesmo instante, ela providenciou um médico para me examinar e, assim, caminhei até a sala de parto, ansiosa para aquela exaustiva experiência terminar.

Tirzah veio ao mundo às 16h10, sob os olhares atentos de seu pai. Ele chegou no momento exato do seu nascimento, mas, logo em seguida, partiu. No fim do dia, já com Tirzah no colo e sentindo-me bastante fraca, a enfermeira veio avisar que alguém me chamava na janela. Era Chico, com uma trouxa de comida que ele havia preparado durante o meu trabalho de parto.

Eu estava em jejum há bastante tempo e, por um momento, sorri ao pensar que tomaria a sopa que tanto desejava. A trouxa, no entanto, tinha apenas um mingau de milho já frio, feito com o milho que Chico trouxera da roça e que passara horas ralando, enquanto eu sofria sozinha no hospital. Como eu precisava de uma comida salgada, acabei não comendo.

Com Tirzah recém-nascida, meu saudoso sogro era uma visita frequente no rancho, revelando-se uma preciosa companhia. Chegava sempre preparado para dormir, já que sabia que Chico sairia para festas e, com sua presença, não ficaríamos sozinhas. Seu Tezinho dormia na cama de solteiro, em frente à minha, e não dizia uma só palavra contra o filho. Seu silêncio valia ouro, e seus gestos, para mim, valiam muito mais. Ele era um grande homem, que conquistou um considerável patrimônio apenas com o suor do seu trabalho. Além de cuidar de suas lavouras, ele administrava o botequim mais famoso da região, e tinha também um moinho na Fazenda Velha, que chamávamos de Moinho do bairro de Fátima. Era um lugar lindo, com muita água e um cheiro de milho moído, onde ele fazia fubá para vender. Por conta disso, Seu Tezinho descia e subia as ruas de Carmópolis sempre com um saco nas costas: na ida, de milho e, na volta, de fubá.

*Não fale mal
de ninguém,
proteja-se sempre,
e trabalhe com afinco,
diariamente.*

5 – A FÉ MOVE MONTANHAS

A história de amor que eu e Chico vivemos na roça durou pouco mais de dois anos. Apesar dos inúmeros planos, não conseguimos construir nossa casa e, aos 19 anos, eu me sentia inexperiente para cuidar de um bebê. Com o frio e o vento que entravam na desprotegida construção do rancho, Tirzah adoeceu gravemente dos brônquios, ficando internada por diversas vezes em seu primeiro ano de vida. Em uma das internações, o médico anunciou a urgência de um raio-X e, em caso de piora, a necessidade de uma transferência para Belo Horizonte.

Com a possibilidade de perder minha filha, o desespero tomou conta de mim. Se não tínhamos como nos manter nos arredores de Carmópolis, como poderíamos acompanhar a internação de Tirzah na capital? Ao descer as escadas do hospital, naquele dia, eu me ajoelhei e prometi, à Nossa Senhora Aparecida, a única coisa que tinha no momento: eu não cortaria o cabelo da minha filha até que completasse 15 anos de idade, caso ela não precisasse se tratar em Belo Horizonte.

Passaram-se alguns dias e, para o meu alívio, Tirzah conseguiu recuperar-se, sem precisar ser transferida para a capital. Nossa saída do rancho, porém, se mostrou inevitável. Ali nada se plantava, nada se colhia e, com uma filha sempre doente, o melhor seria voltar para a cidade em busca de mais estrutura. Sendo assim, vendemos alguns bichos, doamos outros e começamos uma nova peregrinação: a busca por um lar em Carmópolis. Meu marido não tinha trabalho, muito menos eu. Na verdade, fazia um tempo que minha cunhada Zinha, irmã mais velha de Chico, nos ajudava com as despesas da casa. Muito amorosa e prestativa – a escolhida para ser madrinha de Tirzah – ela não media esforços para nos apoiar.

Ao chegarmos na cidade, ocupamos a casa vazia de Zinha, no bairro Santo Antônio. Era um pequeno porão, mas parecia uma mansão, pelo simples fato de não ter goteiras enquanto chovia. De volta a Carmópolis que, para mim, era enorme, eu ainda me sentia perdida, mas pronta para criar minha filha com saúde. Lá, assumi uma nova identidade: de filha do Dico do Zé Lima, eu passava a ser a Maria José do Chico do Tezinho.

Depois de dois anos naquele endereço, certo dia Chico apareceu com um caminhão alugado e começou a colocar nossas coisas na carreta. Falou para eu juntar meus pertences e, sem entender nada, peguei o que tinha. Ele, então, me contou que sua irmã estava voltando de Nova Serrana para morar na casa de cima e, como não se davam bem, precisávamos partir.

Com nossa mudança dentro do caminhão, perambulamos pela cidade até o anoitecer. Estava na hora de alugarmos um teto, mesmo sem dinheiro nem emprego. O lugar escolhido pertencia a Chichico, um conhecido da família. Era uma casa velha, dessas de esquina que, ainda hoje, mantém suas paredes brancas e janelas azuis.

Infelizmente, tempos depois, tivemos que sair dali, pois ficamos meses sem conseguir pagar o aluguel. Ao saber da situação, Elza, irmã de Chico, nos cedeu sua casa, localizada ao lado da residência do Seu Tezinho. Lá, poderíamos seguir com nossas vidas, apesar dos olhares atentos da família do meu sogro.

Nessa época, Chico passava os dias na roça, de onde trazia o que iríamos comer durante a semana. Aos sábados e domingos, era comum que ele fosse aos rodeios de outras cidades, enquanto eu ficava em casa com minha pequena, porém grande companheira, Tirzah. Quando acabavam nossos alimentos, meu marido ia até a casa do pai para comer, beber e pegar comida, o que me matava aos poucos. Em uma dessas situações, eu – indignada – tranquei nossa casa para que ele não pudesse mais entrar.

No mesmo instante, Chico ficou transtornado e, do lado de fora, tentou me atingir diversas vezes pela janela, que estava entreaberta. Em uma das tentativas, atravessou o vidro com a mão e, mesmo machucado, não parou. De repente, correu para a porta da cozinha e, sem combinarmos nada, eu e Tirzah corremos juntas para lá e seguramos a porta com força. Obcecado, ele tentou entrar com violência, usando um pedaço de madeira. Eu protegia minha filha, vigorosamente, enquanto buscava, também, sobreviver. Por fim, ele desistiu e eu e Tirzah fomos, exaustas, dormir.

Em nosso casamento, montado por ausências e mudanças, eram recorrentes as cenas de violência doméstica, mas, apesar disso, eu seguia com fé em dias melhores.

*Ao primeiro sinal
de que algo vai
te arrastar
para o abismo,
lute com todas
as forças e mude
a direção de sua vida.*

6 - QUEM PLANTA, COLHE

Com pouco mais de dez anos, ganhei do meu tio e padrinho Tarcísio uma pequena leitoa, da qual eu cuidava como se fosse um tesouro. Pipoca me fazia acreditar em uma vida de oportunidades: logo ela teria muitos porquinhos e, em breve, me faria dona de uma porcada[9], tornando-me rica. Com dinheiro, finalmente eu poderia ir embora do Paiol.

O mundo externo alimentava meus sonhos e movia meu caminho, com uma força incrível: eu queria chegar longe. Todos os dias, acordava bem cedo para visitar minha porca no chiqueiro que, com o tempo, ficou grande e bonita. Certa vez, meu pai me avisou que chegara a hora de Pipoca procriar, e eu só pude pensar: "agora minha riqueza começa".

Em uma fria manhã de junho, Pipoca teve sua primeira ninhada, e eu não pude conter minha alegria. Eram 12 leitõezinhos, das mais variadas cores: pintado, malhado, russo e preto. Poucos dias depois, no entanto, ela começou a passar mal. Não se levantava, não comia, e eu me desesperei ao ver seus filhotes tentando mamar, sem sucesso.

---

[9] porcada: grande número de porcos, espécie de criação.

Fiz o meu possível para que ela melhorasse, mas Pipoca não resistiu. E eu fiquei com uma grande responsabilidade: fazer com que seus leitõezinhos sobrevivessem sem a mãe.

Com devoção, cuidei deles no meu tempo livre. Tentava dar leite, mas nada parecia adiantar. Pouco a pouco, eles começaram a morrer, até que apenas um sobreviveu para me acompanhar. Daquele porquinho eu cuidei com carinho, até meu pai anunciar que precisava vendê-lo: era macho e, no chiqueiro, não havia mais espaço para um cachaço[10].

E, assim, minha primeira tentativa de negócios chegou ao fim.

Felizmente, não tardou para que eu encontrasse um novo sonho. Meu pai levava para casa, ocasionalmente, jornais e revistas antigas da Fazenda Loredo, onde trabalhava. Minha mãe usava os jornais para criar moldes de roupas e eu passei a fazer, no chão, montagens com as páginas restantes para, depois, admirá-las: aquelas imagens retratavam um mundo que eu não imaginava existir, até então.

No barracão onde meu pai tirava leite das vacas, eu tinha um esconderijo, que ficava próximo ao telhado. Lá, eu me dedicava à leitura de livros, jornais e revistas, que alimentavam meu olhar curioso e fermentavam meus sonhos. Os livros vinham de longe, trazidos de Belo Horizonte pela minha irmã Beth. Certo dia, ao folhear uma revista "Manchete", deparei-me com uma cena que me impressionou: vários bailarinos formavam uma fila, sendo que um deles segurava uma bailarina pela cintura, enquanto ela exibia, no ar, uma abertura perfeita. No mesmo instante, pensei: "Meu Deus, quero fazer parte disso". Aquela foto representava, para mim, a imagem da felicidade, do meu sonho profundo de viajar e desbravar o mundo. Eu queria dançar, mas não era em Carmópolis ou em qualquer outra cidade do Brasil. Eu queria dançar no Bolshoi!

---

[10] cachaço: porco reprodutor.

A partir daquele momento, passei a andar sempre com a tal revista debaixo do braço. Aquela foto me trazia a certeza de que era possível viver outra vida, bem diferente da que eu levava na roça.

Além do meu esconderijo no barracão, eu também gostava de ler junto às moitas enfileiradas de bambu, para desgosto da minha mãe, que não aprovava meu *hobby*. O motivo era o mesmo que meus pais haviam dado para impedir meus estudos após a quarta série: eu era mulher e isso não dava futuro. Para a nossa realidade, o importante era ajudar na terra.

Quando começou a plantação de café na Fazenda Loredo, eu ajudei meu pai nas tarefas exigidas na lavoura, desde bater a linha na terra, fazer as covas, plantar, adubar, tirar as formigas que atacavam as plantas, até a colheita. Eram centenas de sacas de café produzidas durante anos, até a lavoura morrer e o ciclo, então, se fechar. Eu e meu pai trabalhamos muito juntos, eu era a filha que sempre o acompanhava e o ajudava na roça. Plantávamos arroz, feijão, milho, e eu o observava e aprendia com ele a ser comprometida, esforçada e minuciosa.

Minha mãe trabalhava, eventualmente, para a Dona Adelaide, dona da fazenda. Foi para ela que comecei a vender produtos da Avon, ainda na adolescência, quando lutava por uma vida melhor. Ela era minha melhor compradora, mas, aos domingos, eu também vendia para as meninas da região, com a promessa de que ficariam tão bonitas quanto as moças dos encartes da revista.

Em novembro, começava a plantação de arroz. Uma grande quantidade de homens se reunia nas extensas terras para arar, plantar, colher e, por fim, assoprar. Tia Nute – minha mentora nos serviços da lavoura – era contratada para soprar o arroz e eu, corajosa, sempre a acompanhava. Tia Nute é uma mulher alegre, forte e destemida, que não poupava esforços para me passar o que sabia. Começou a trabalhar na roça desde pequena, depois casou-se, teve oito filhos e, ainda hoje, com quase 80 anos, trabalha de sol a sol nas lavouras.

Após passar anos na plantação, tornei-me a melhor sopradora de arroz da região. Eram 27 alqueires de arroz soprados diariamente, sendo que cada alqueire mede 50 litros. Quando chegava ao fim de um dia de trabalho, eu – na época, com 17 anos – estava sempre com o corpo dolorido e a pele coçando, mas nada disso importava. A fantasia de dançar no Bolshoi se perdera nos arrozais e, a cada peneirada, eu me dedicava a um sonho mais realista: o de ter a minha própria independência financeira e, assim, mudar-me para Carmópolis.

Imaginar um futuro melhor me enchia de esperança e, de certa forma, me ajudava a seguir adiante. Eu queria ser rica, mas no sentido mais simples da palavra: com dinheiro, eu finalmente poderia ser livre.

Transforme seus sonhos em metas possíveis, faça o possível para alcançá-las e visualize um futuro próspero para você.

7 – OS ÚLTIMOS SERÃO OS PRIMEIROS

Durante os primeiros anos do meu casamento, Chico não me permitia trabalhar fora de casa e, mesmo que não se importasse, meu conhecimento e experiência pareciam insuficientes para um emprego em Carmópolis. Para ganhar algum trocado, comecei, então, a fazer doces, atividade que meu sogro incentivava. Infelizmente, nessa época eu não me dedicava de corpo e alma àquele negócio e, assim, o pouco que eu recebia dava apenas para cobrir os custos, me impedindo de comprar algo novo para mim ou para Tirzah. Apesar dos obstáculos que se apresentavam, decidi que estava na hora de encontrar meu lugar ao sol, de qualquer maneira.

Nesse período, descobri que a filial de uma cooperativa de crédito chegava na cidade, trazendo diversas vagas de emprego. Com muita coragem no peito, lutei com garra para conquistar aquela que seria a minha primeira carteira assinada. Na ocasião, Tirzah acabara de completar três anos e – finalmente – as coisas começaram a mudar para mim: eu estava empregada!

No cargo de auxiliar de serviços, eu cumpria minha rotina diária de trabalho, com alegria. Saía cedo, deixava minha filha na creche e, de segunda à sexta-feira, eu era muito feliz limpando o chão daquela agência.

Meu salário-mínimo chegava todo dia 5 do mês, e eu me sentia rica. Eram momentos de bonança que o dinheiro me proporcionava, não só por eu poder pagar o básico, mas também por me permitir comprar alguns presentinhos, que antes eu não podia. Naquela circunstância, eu já não me preocupava se meu marido tinha trabalho ou se estava desempregado. Minha vida seguia com simplicidade e esperança: eu sabia que podia contar comigo mesma.

Infelizmente, Tirzah ainda sofria com problemas respiratórios, o que me tirava o sono. Foram inúmeras as noites em que passei ao seu lado, ouvindo o chiado e o ronco do seu peito. Muitas vezes, eu não sabia o que fazer a não ser rezar com fé, o que, a meu ver, a fazia adormecer tranquilamente. Quando o dia amanhecia e chegava a hora de ir trabalhar, eu a deixava em prantos na creche e seguia chorando pelo caminho. Dentro de mim, eu tinha fé de que tudo ficaria bem. E realmente ficava.

Nas noites em que a calma reinava, a pequena TV em preto e branco era a minha companhia. Eu amava o meu emprego e tudo o que ele me proporcionava. A independência trazida por aquela renda, no entanto, estava longe de representar a minha liberdade emocional.

Um dia, saí cedo para trabalhar, depois de uma briga feia com meu marido. Quando retornei com Tirzah, minha casa estava totalmente vazia. Para me atingir, Chico havia levado o que tínhamos, inclusive a minha TV. Só nos restou um pequeno rádio à pilha, que eu liguei, baixinho, quando fomos dormir.

Na manhã seguinte, eu tentava entender o ocorrido, enquanto juntava forças para reerguer minha casa. Eu sabia que, mesmo que perdesse minhas conquistas, sempre seria capaz de reconstruir tudo do zero.

Após algumas semanas, decidi entrar em um consórcio para ter outra TV, dessa vez, em cores. Todos os meses eu sonhava em ser a próxima contemplada, mas demorou um ano para que eu – felicíssima – pudesse levar o aparelho para casa.

Surpreendentemente, a primeira pessoa que assistiu um programa na minha nova TV foi Chico. Enquanto ele via, concentrado, seu jogo de futebol, eu me agarrava na ideia de que "Os últimos serão os primeiros", e seguia em frente, com coragem: minha hora ainda iria chegar.

Não importa onde você está e, sim, onde quer chegar. Faça um bom planejamento, recomece, quando necessário, e siga em frente, com determinação.

8- UM DIA É DA CAÇA, OUTRO DO CAÇADOR

Na confusão do dia a dia, enquanto eu tentava cravar na terra algo que fosse meu, começaram a surgir rumores sobre a infidelidade de Chico. Por diversas vezes, escutei que ele "se engraçava" com uma moça que passava temporadas em um sítio nas redondezas, ensinando-a a atirar. Naquele instante, percebi que deveria deixá-lo, mas não encontrei forças. Não sabia se o motivo era porque ainda o amava ou, simplesmente, porque estava envolvida, há tempos, em um relacionamento marcado por diversos tipos de violência.

Enfurecida, esperei a noite cair e coloquei Tirzah para dormir. Depois, peguei a espingarda de caça do Chico, que ficava guardada em uma caixa, e fui até o bar que ele frequentava. Naquele momento, não existia, para mim, uma melhor maneira de demonstrar minha fúria do que os três tiros que dei para o alto no terreno atrás do bar, onde ele conversava com seus amigos. Imediatamente, todos se assustaram. E Chico parecia incrédulo, assim como eu.

Pela primeira vez, em quase uma década de história, era ele que tinha medo de mim. Depois de tanto tempo, me senti forte novamente. Percebi, naquele bar, que poderia retomar quem eu era: aquela menina que sonhava grande, mas também vivia com toda a sua grandeza.

Com medo, Chico não voltou para casa, embora eu ainda o quisesse, não sei bem o porquê. Como estava com a arma, decidi guardá-la em um lugar seguro, onde ninguém pudesse encontrá-la.

Quando cheguei do trabalho, no dia seguinte, minha casa havia sido revirada por Chico, que não conseguiu encontrar a espingarda. Seus amigos, então, passaram a bater na minha porta, pedindo que eu devolvesse a arma. Com tranquilidade, eu apenas respondia: "Não entrego".

Depois que Seu Tezinho tentou interceder pela liberdade da espingarda e eu, mais uma vez, neguei, os homens da cidade decidiram que estava na hora de uma intervenção divina. Sendo assim, o padre Monsenhor Almir foi à minha casa, onde o recebi, com a mesma alegria de sempre.

Monsenhor me perguntou como eu estava, quis saber de Tirzah, e logo compartilhou sua preocupação com toda a história que envolvia a arma. Como sempre, ouvi seus conselhos, aproveitei para me confessar, mas, apesar da ótima conversa, me neguei a devolvê-la.

Aprendi, naquele momento, que apenas duas coisas podem parar um covarde: o medo de perder a liberdade e o medo da morte. Ao perceber isso, entrei em contato com a coragem que vivia dentro de mim. A mesma coragem que muitas mulheres tiram do fundo de suas almas para quebrar o ciclo vicioso dos relacionamentos abusivos.

Cerca de um mês depois, olhei para o sofá preto que eu mesma havia comprado para a casa, virei-o de cabeça para baixo e, lentamente, desfiz seu forro. Nesse sofá, todos os amigos de Chico e até mesmo o Monsenhor Almir sentaram-se na tentativa de me convencer a devolver a arma. Foi também naquele sofá que, durante semanas, Chico dormiu sem saber que, centímetros abaixo dele, estava escondido o que parecia ser seu tesouro: a tão cobiçada espingarda.

A arma voltou a ser de Chico, mas eu nunca mais fui a mesma. Com meu emprego e toda a experiência que vivi, me sentia mais forte. Nessa época, passamos um tempo separados. Não tardou para que voltássemos a viver juntos, já que eu ainda era a mulher do Chico do Tezinho, mãe da Tirzah e à espera de mais um filho.

Quando você estiver fraco e estagnado, lembre-se de todos os momentos em que se sentiu forte. Entre em contato com sua coragem e traga-a de volta. Ela mora dentro de você.

9 – QUANDO UMA PORTA SE FECHA, OUTRA SE ABRE

Em todos os anos que me dediquei à limpeza da cooperativa de crédito, cuidei de uma planta trepadeira que lá existia, com muito amor e atenção. Eu era caprichosa e gostava de tudo o que envolvia meu trabalho, pois ele permitia que eu e Tirzah tivéssemos uma vida melhor. Aquela trepadeira cresceu conosco, até o momento em que saí de licença-maternidade para me dedicar ao meu filho Gabriel. Sem meus cuidados, a planta começou a murchar, até que foi podada e retirada da agência. Antes disso, um colega separou uma mudinha e me deu de presente. Logo após minha licença terminar, fui despedida injustamente daquele emprego que eu adorava, e a plantinha, assim como eu, continuou sem prosperar pelos sete anos seguintes – foi essa a duração do nosso inverno. Quando entendi o que acontecera até meu desligamento, pude, então, me perdoar e reflorescer, juntamente com a trepadeira.

Quem nasce invisível, já tem um roteiro à sua espera. Como eu vinha da zona rural de Carmópolis, era comum que o destino não guardasse, para mim, mais do que uma vida no campo, com filhos e um marido de quem eu carregasse o sobrenome. O que eu não sabia é que a vida no mercado de trabalho também pode tornar uma mulher invisível. E foi assim que, mais uma vez, eu me senti ao receber o comunicado da minha demissão, em março de 1998, tendo dois filhos para sustentar.

Naquele dia, cheguei em casa, amamentei meu filho Gabriel e o coloquei para dormir com Tirzah. No escuro da noite, eu chorei tanto, mas tanto, que na hora que meu bebê acordou de madrugada para mamar, eu não tinha mais gota alguma de leite.

Com o passar dos dias, Gabriel começou a perder peso e demos início a um dos anos mais difíceis de nossas vidas. Com o dinheiro da rescisão, fiz uma pequena reforma em nossa casa e passamos a viver com o que restava, enquanto eu buscava incessantemente um novo emprego.

Depois de transferir o rancho da Ponte Grande para outras terras, Chico ficava a semana toda por lá, caçando e pescando. Chegava da roça trazendo um saco com frutas e legumes, o que me parecia bom, mesmo não sendo o suficiente.

Já era março, mais uma vez, quando percebi que começava a trocar o pó de Nescau pelo café, no leite dos meus filhos. A dispensa estava vazia e não restavam outras opções de alimento. Aflita por não conseguir emprego, soube que Zinha, minha cunhada, precisaria deixar um dos seus dois postos de trabalho.

Depois de inúmeras entrevistas seletivas para o cargo, caminhei, entusiasmada, rumo à Casa Paroquial, certa de que conseguiria o emprego. Era 21 de março de 1999 – não me esqueço a data – quando cheguei em busca do Padre Ananias que, para a minha surpresa, anunciou que a vaga já havia sido preenchida.

Frustrada e muito indignada, voltei para a casa. Justamente na "Casa do Senhor", eu recebi um "não". Foi então que, ajoelhada em frente a um crucifixo, fiz um juramento: "como ninguém quer me dar um trabalho, eu mesma vou criar o meu, e gerar muitos outros empregos para a minha cidade". Mesmo sem saber o que fazer, fui dormir e, ao acordar, eu já tinha um plano – ele sempre estivera dentro de mim.

Uma das maiores lições que minha mãe me ensinou é que sempre podemos aprender com as adversidades. Toda circunstância, por mais dolorosa que seja, tem como missão nos passar um ensinamento. Quando focamos apenas no sofrimento, não conseguimos observar e absorver o que precisamos tirar dali. Com essa visão, hoje posso afirmar que meu emprego de faxineira me fez aprender muitas coisas. E a maior delas é: independentemente de sua atividade, faça seu trabalho com amor. Quando ocupar um cargo, dê sempre o seu melhor, não pelo seu chefe ou pela empresa, mas por você. Somado a isso, seja grato por sua função: todo emprego é digno. Qualquer ocupação da qual você tire seu sustento é uma atividade honrada e abençoada. Antes de trabalhar como faxineira, eu estava com dificuldades de dar o mínimo à Tirzah. O emprego surgiu como uma providência, possibilitando uma vida mais digna para mim e para minha filha. Além disso, acredito que o trabalho seja uma coisa sagrada, pois dá sentido ao nosso existir. Dessa forma, é necessário que façamos nossas tarefas com muito amor e dedicação.

Na cooperativa, os gestores e colaboradores nunca pontuavam o quanto meu trabalho era importante, mas isso não me desanimava. Eu sabia o valor daquela atividade na minha vida, o que me dava mais vontade de realizá-la. É fundamental ter em mente que, seja qual for seu cargo, você sempre terá um impacto significativo em sua área.

Hoje, na minha empresa, procuro deixar bem claro o quanto os funcionários têm um papel vital. Fico extremamente contente por cada um deles entender a importância de sua função, o que faz com que todos trabalhem com amor, assim como eu.

Para mim, o amor é o combustível mais importante da vida – é a energia que move o mundo. Quando colocamos amor no que fazemos, nossa jornada se transforma, e os resultados vão além do que podemos imaginar.

Independentemente de sua função hoje, tenha em mente que todo emprego é digno. Trabalhar é sagrado, pois dá sentido e significado à vida. Por isso, faça suas atividades com todo o amor do mundo e veja sua jornada se transformar diante dos seus olhos.

PARTE 2
NÃO EXISTE MEIA MEDIDA

10 – PARA BOM ENTENDEDOR, MEIA PALAVRA BASTA

Passei muito tempo sem entender por que fui a escolhida de minha mãe para fazer os doces da nossa casa. Hoje eu entendo bem.

Na manhã seguinte ao dia do meu juramento, acordei sem um centavo para comprar leite para meus filhos, mas com muita determinação e um plano em mente: eu iria fazer doces. Aquela semente, plantada por minha mãe na infância, começava a germinar em mim. Sendo assim, fui até a casa da vizinha e pedi que me vendesse, a prazo, um pouco de leite. Também comprei fiado o açúcar e o amendoim em um supermercado. Depois, peguei emprestado um tacho da minha falecida sogra e, então, fiz um doce de amendoim. A receita rendeu quarenta pedaços maiores, que eu venderia por unidade; e mais dois quilos de doces cortados em pedacinhos.

Logo que os doces esfriaram, saí pelas ruas de Carmópolis e consegui vender os quarenta pedaços. Tia Neném e minha cunhada Elza compraram o restante dos doces. Com os R$ 20 que ganhei, paguei à vizinha o que devia, quitei o supermercado e ainda fiz uma pequena compra para a casa. Quase não me aguentei de felicidade! Naquele instante, percebi que aquela atividade poderia mudar o rumo da minha vida. E, de fato, mudou. De lá para cá, eu nunca mais parei de fazer doces.

No próximo dia, lá estava eu, mais uma vez, a vender doces pelas ruas da cidade. Com meu balaio nas mãos, eu abordava as pessoas que passavam:

– Quer comprar um doce? Experimenta!

Quando a resposta era negativa, eu logo dava um pedacinho para a pessoa provar. Enquanto isso, tentava convencer o possível cliente de que aquele era o melhor doce da região. O segredo da venda é exatamente esse: apresentar seu produto de maneira clara, mostrando sua origem, sua importância, seu valor e os benefícios que ele pode trazer ao consumidor.

Até hoje não sei dizer se as pessoas compravam meus doces porque estavam bons, ou se eu é que era convincente. Descobri, naquele período, que conseguiria vender meus produtos para qualquer um. No supermercado, aproveitava o horário de maior movimento para mostrar meus doces aos clientes, até que, certa vez, o dono do supermercado me falou:

– Você vai longe vendendo assim!

Sorri, satisfeita, e em silêncio me perguntei: "quão longe?"

Nessa época, reprogramei minha rotina: às segundas, eu cuidava da casa, de terça a quinta, eu fazia os doces e, às sextas, saía para vendê-los. Com o tempo, passei a levar Tirzah para me ajudar com as vendas. Ela, ainda pequena, saía para um lado e eu seguia para o outro. Ao fim do dia, voltávamos com os balaios vazios e os corações sorridentes. Gradualmente, começamos a ganhar dinheiro e, com pouco mais de dois meses, não nos preocupávamos mais com as despesas da casa.

Em uma sexta-feira de boas vendas, lembrei-me do Sebrae, já que, durante meu trabalho na cooperativa de crédito, falava-se muito sobre a instituição. Resolvi, portanto, ligar para um 0800 e pedir mais orientações. Do outro lado da linha, uma atendente me perguntou se eu tinha uma empresa ou se gostaria de montar um negócio, e eu respondi apenas que queria fazer doces. Na ocasião, eu não tinha ideia do que era empreender e, acho que, no fundo, esperava que ela pudesse me passar algumas receitas. Sem conseguirmos nos entender direito, informei, por fim, meu endereço e, dias depois, chegou uma correspondência do Sebrae pelos Correios. Dentro do envelope, um material intitulado "Ponto de Partida" explicava como montar uma fábrica de doces. Como não compreendi o conteúdo, resolvi retomar os estudos. Precisava urgentemente saber o que era um CNPJ, uma inscrição estadual, além dos detalhes burocráticos que envolvem a abertura de uma empresa. Para isso, fiz meu primeiro curso de empreendedorismo, por indicação da própria atendente do Sebrae, o "Aprender a Empreender", que eu assistia todas as manhãs pela televisão, e que mudou completamente minha visão sobre meu negócio. Foi ali que tive meu primeiro encontro com a palavra "empreendedorismo", desconhecida para mim, até então.

Depois de finalizado o curso, tive uma das melhores ideias da minha vida: vender meus doces para a Leiteria Nevada, um dos pontos de venda mais conceituados da BR-381, na altura de Carmópolis. No passado, eu sonhara em trabalhar lá, mas não obtive sucesso. Entretanto, agora seria diferente. A ousadia daquela menina do campo, que almejava dançar no Bolshoi, desabrochava em mim novamente.

Como eu não sabia dirigir, chamei meu amigo Fuguete para me levar até a Leiteria, no Fusca do meu cunhado. Coloquei R$ 5 de gasolina e partimos em direção à lanchonete. Lá, encontrei o dono, Marco Aurélio, batendo sua botina no chão, após sair do curral. Peguei, então, os quatro potinhos de doce que havia levado – amendoim, mamão, abóbora e doce de leite – e, com timidez, apresentei meus produtos, utilizando os mesmos argumentos de venda que usava nas ruas. Marco Aurélio, porém, não se impressionou com meu discurso e logo respondeu, com dureza:

– É isso? – e apontou para os meus potinhos. Antes que eu pudesse responder, continuou, com desdém: – Isso a gente já tem. Estou precisando de fruta cristalizada. Você faz?

– Não faço, mas vou fazer! – Respondi, sem demora.

Naquele momento, entendi que tudo depende de como enxergamos as chances que o mundo nos dá. Quando o dono de um dos maiores pontos de venda da região me deu uma "deixa", percebi que era uma grande oportunidade de negócio. Ele me pediu algo que eu nunca tinha visto, ou comido, e que eu sequer sabia fazer, mas que tinha grande potencial de venda e poderia mudar o rumo da minha vida.

Depois desse acontecimento, passei a ler nas entrelinhas. Esse aprendizado foi de grande valor para minha empresa, na época, e ainda é, até hoje. Sempre instigo minhas doceiras a verem além da mistura das frutas com o açúcar, por exemplo. Acho importante enxergar a beleza que há na transformação de uma laranja que, há pouco, estava no pé e, agora, pode se tornar um delicioso doce.

Certa vez, comecei a treinar um novo funcionário para enxergar além do que seus olhos estavam acostumados. Disse-lhe, então:

– Aprenda a ver coisas onde, aparentemente, não há nada. Você vai comprar abóbora, mas no caminho vai ter laranja. Aprenda a observar.

Tempos depois, ele voltou com um saco de limões para a nossa produção. Surpresa, perguntei onde ele havia achado aquelas frutas, e ele me respondeu:

– Você não me mandou observar além dos meus olhos? Eu nunca havia percebido um pé de limão perto da casa da sua mãe. Hoje, quando passei por lá, o enxerguei.

O episódio me encheu de alegria, pois percebi que, com a minha visão empreendedora, eu poderia treinar pessoas. Afinal, um bom profissional precisa ver além. E isso é uma coisa que aprendi a fazer bem.

Veja além do óbvio, seja ágil em suas decisões e nunca se esqueça: as melhores oportunidades surgem para quem sabe enxergá-las.

11 - RAPADURA É DOCE, MAS É DURA

Com muita determinação, abracei o desafio de fazer as frutas cristalizadas para Marco Aurélio, apesar da fama de bravo que o acompanhava. Ao voltar para a cidade, perguntei para minha cunhada o que vinha a ser o tal doce e ela me respondeu, certeira:
– Vai na Dona Zélia, que ela te ensina!
A saudosa Dona Zélia do Cabral trabalhava como contadora na prefeitura e, além disso, era uma doceira de "mão-cheia". No fim da tarde, bati em sua porta com meus filhos, e ela nos recebeu com muito carinho. Sua casa era sofisticada e, na entrada da sala de jantar, havia uma cristaleira repleta de taças, que me deixou encantada. Dona Zélia tirou de lá um pote cheio de cal virgem, me deu duas colheres do pó branco e, junto, sua receita de mamão cristalizado. Me faltam palavras para descrever a gratidão que senti por todo aquele acolhimento. Com Dona Zélia, construí, depois, uma valiosa amizade, e aprendi que mulheres devem se apoiar e ajudar umas às outras, sempre que possível. Isso pode mudar muitas vidas.

Ao voltar para casa, fui diretamente para meu fogão a lenha, animada com a ideia de fazer meu primeiro doce de fruta cristalizada. Hoje, quando penso em um doce ruim, lembro-me que aquele ficou pior. Como não podia me dar ao luxo de perder a produção, saí para vendê-la. No caminho, encontrei Dona Ica – esposa do saudoso José Michetti, um famoso comerciante da cidade – que comprou um quilo do doce para me ajudar. As outras tentativas de venda, porém, não foram bem-sucedidas.

Naquele fim de semana, haveria em Carmópolis um evento chamado "Minas ao Luar", e o pessoal da prefeitura me convencera a vender meus doces na praça. Entregaram-me, portanto, uma barraquinha, que decorei com frutas e tachos de cobre, deixando meus produtos em evidência. Com um jaleco branquinho e muita confiança, fui vender meus potes de doces. Os artistas do espetáculo que passavam por mim, prometiam voltar após o show para comprar meus doces. No entanto, o show terminou, desmontaram o palco e ninguém comprou nada.

Nesse período, surgiu Marco Aurélio, que me apontou o dedo e disse, secamente:

– Comi seu doce cristalizado, mas não é isso o que eu quero. Está muito ruim!

Diante daquela negativa, me senti injuriada e pensei ao olhar para ele: "Ainda vou fazer o melhor doce cristalizado da sua vida."

Nesse período, as opiniões sobre meus doces que me doíam, eram, na realidade, pontos de melhoria que eu buscava entender e aplicar. Por mais difícil que as críticas fossem, eu as reconhecia e as enfrentava de cabeça erguida, buscando ser melhor a cada dia.

Infelizmente, muitos achavam que eu estava louca e quase ninguém acreditava que eu poderia ganhar a vida fazendo doces. A verdade é que a mulher que enxergava oportunidades nas entrelinhas encontrava-se alinhada com sua criança interior – aquela que nunca deixava de sonhar. Essa mistura me trazia (e ainda me traz) muita força: quando coloco uma coisa na cabeça, ninguém me faz mudar de ideia.

Por sorte ou merecimento, muitos mestres cruzaram meu caminho durante a vida, e um deles foi meu saudoso sogro. Seu Tezinho passava os dias sentado em uma cadeira, no alpendre de sua casa, vendo o povo passar. Ele sofrera um AVC, que limitou seus movimentos, mas não sua mente. Acostumado com o comércio há décadas, ele se tornou um ótimo conselheiro: me dizia que vender doces era um excelente negócio e me passava as receitas que faziam sucesso em seu botequim. Após receber a segunda negativa de Marco Aurélio, reencontrei Flora, que logo se tornaria uma grande amiga. Eu estava sentada na praça com meus filhos, quando a avistei, do outro lado da rua, e a chamei:

– Flora, preciso aprender a fazer doces de frutas cristalizadas! Marco Aurélio me falou que o meu estava horrível.

Conheci Flora quando tinha 12 anos de idade. Ela era extensionista da Emater-MG, onde trabalha até hoje. Na ocasião, dava aulas de culinária e ensinava as meninas a cuidarem dos seus corpos. Por ser muito nova, eu não podia participar, mas acompanhava minha irmã Carminha, que depois dividia comigo seus ensinamentos.

Após ouvir minhas frustrações, Flora me contou que iria começar, em breve, a Semana do Produtor em Florestal[11], como parte de um programa de Extensão da Universidade Federal de Viçosa. Lá haveria um curso de doces cristalizados.

Aquela notícia, para mim, soou como um sinal do destino. No mesmo instante, decidi me organizar para participar do curso, que aconteceria a uma hora e meia da minha cidade. Por cinco dias, dormi em um alojamento dentro do campus, e aprendi a fazer, na

---

[11] Florestal: município de Minas Gerais, onde está localizado um campus da Universidade Federal de Viçosa.

medida do possível, licores e compotas, além de doce de mamão e de abóbora cristalizados.

Após o fim do curso, ficou claro para mim que fazer doces de frutas cristalizadas não era uma atividade simples, embora não me parecesse mais impossível. Tratava-se de um doce fino, muito delicado e com alto valor agregado – já bem longe dos doces que eu costumava fazer na infância. Era uma aposta alta e, naquele momento, eu tinha pressa. Na busca pela excelência, eu descobri que seria uma eterna aprendiz.

Aprenda a ouvir críticas: elas são molas propulsoras que podem te levar além. Saiba analisá-las, com objetividade, para criar pontos de melhoria em seu negócio. Lembre-se que o mundo muda com rapidez e somos eternos aprendizes na arte de empreender.

12 – ÁGUA MOLE EM PEDRA DURA, TANTO BATE ATÉ QUE FURA

Na estrada entre Florestal e Carmópolis, eu voltava do curso com a certeza de que já era especialista em frutas cristalizadas, embora isso estivesse longe de ser verdade. Na minha cabeça, eu precisava urgentemente de uma cozinha melhor, diferente daquela "coberta" que ficava nos fundos do quintal do meu sogro, onde eu fazia doces em um pequeno fogão a lenha. Ao chegar na cidade, conversei, portanto, com um pedreiro e, na ponta do lápis, calculei que precisava de R$ 5 mil reais para construir minha cozinha. "Como vou fazer um investimento assim, se nem sei se vou ter para quem vender meus doces?", pensei, ao examinar o orçamento. Tudo o que eu tinha, na realidade, eram duas negativas de Marco Aurélio, o maior comprador da região.

Naquele período, meu marido me aconselhou a não dar um passo tão grande, mas minha intuição insistia em me dizer o contrário. Decidi, portanto, ouvir aquela voz que ecoava dentro de mim e que me mostrava o que fazer.

Vestida de coragem, fui até o banco, onde abri uma conta e falei que precisava de R$ 5 mil emprestados. O gerente me perguntou o motivo e eu respondi que era para construir uma cozinha, onde produziria meus doces. Na sequência, ele me disparou uma série de questionamentos: "Você tem uma empresa?", "Tem uma fábrica?". E, por fim, "Você tem um plano de negócios?". E eu apenas acenava que não com a cabeça. O gerente, então, foi taxativo: "sem um plano de negócios, o banco não tem dinheiro para te emprestar".

Indignada e frustrada, decidi que a negativa do banco não seria um empecilho. No mesmo instante, fechei minha conta e fui tentar um empréstimo com cinco pessoas diferentes, entre amigos e familiares, com juros de 5% ao mês. Minha ideia deu certo. Com o dinheiro em mãos, dei início à minha primeira cozinha. A obra, em si, foi de grande experiência, com muitos erros e acertos. Após a construção, eu mesma pintei as paredes daquele pequeno espaço coberto com telhas de amianto, onde duas fornalhas a lenha faziam ferver, logo cedo, os tachos de doce. As primeiras receitas que fiz ali foram de mamão e abóbora cristalizados, que aprimorei com o passar das semanas. No dia 6 de setembro de 1999, os doces ficaram prontos e finalmente enviei uma amostra para Marco Aurélio.

Na tarde seguinte, saí animada para vender meus produtos cristalizados nas ruas de Carmópolis, mas, para minha surpresa, não fiz venda alguma: ninguém sabia o que eram aqueles doces. Descobri, naquele momento, o quanto é difícil vender o que não nos é familiar. A venda se dá quando temos argumento e conhecemos, a fundo, nosso produto, o que não acontecia comigo e os doces cristalizados. Desesperada, voltei para casa, sentei-me com a cesta de doces no colo e falei para minha cunhada que iria desistir, já que ninguém comprava frutas cristalizadas na cidade. Estava decidida a abdicar do meu sonho, quando ouvi a esposa de Marco Aurélio me chamar:

– Meu marido pediu para você mandar todos os doces que tiver.

Na mesma hora, minhas pernas bambearam: eu não podia acreditar naquele pedido. Com o coração em festa, corri para a minha fabriqueta e lá embalei todos os doces que tinha. Foram 16 bandejinhas de mamão e abóbora cristalizados, com 500 gramas cada. Após passar plástico filme em todas, coloquei-as em caixas, e lá se foram minhas primeiras frutas cristalizadas para o mundo.

Na manhã de 7 de setembro, Marco Aurélio bateu na minha porta e disse que precisava de mais doces para sua loja. Eu o recebi com alegria e logo mostrei a ele minha nova cozinha, onde combinamos uma entrega para dali a dez dias. Eu mal podia acreditar na reviravolta que minha vida dava: eu conquistava, naquele instante, o meu primeiro grande cliente!

Passaram-se seis meses desde o dia em que saí, obstinada, pelas ruas de Carmópolis, com um tabuleiro de doces para vender e a despensa vazia dentro de casa. Agora, eu fechava parceria com um dos maiores pontos de venda da BR-381.

A hora mais difícil do seu negócio, em que tudo parece te dizer para desistir, pode ser exatamente o ponto da virada: a hora de finalmente crescer.

13 – DEUS AJUDA QUEM CEDO MADRUGA

Após conquistar meu primeiro grande cliente, percebi que novos problemas surgiam para me tirar o sono. Embora eu soubesse fazer doces cristalizados, estava longe de dominar aquela arte e, com isso, acabava gastando mais do que vendia. Dia após dia, eu tentava aprender com meu próprio fazer e isso gerou mais dívidas. A matéria-prima, por sua vez, era bastante cara. Eu comprava, por exemplo, um saco de coco no Ceasa, a um valor alto, e grande parte vinha estragada, resultando apenas em duas cocadas cremosas. Com os cristalizados, não era diferente. Percebi que o doce de mamão e o de abóbora melavam, o de laranja endurecia e o de figo murchava.

Diariamente, eu acordava de madrugada para fazer os doces, que insistiam em dar errado. Com isso, comecei a enfraquecer. Comia pouco, dormia pouco e trabalhava muito, ao mesmo tempo em que cuidava de Tirzah e Gabriel (ainda pequeno) e de um marido que bebia muito. Cheguei a pesar 43kg, quando meu pai, certo dia, apareceu para me visitar e me falou, com carinho:

– Larga disso, minha filha! Doce não dá dinheiro. Você já está doente e pode ficar pior.

Não me ofendi, mas respondi de imediato:

– Pai, eu não posso desistir.

E, realmente, eu não podia. Tinha dois filhos para sustentar, uma dívida para pagar e um sonho a realizar.

Entramos no ano 2000 e eu trabalhava desesperadamente. Com um desafio grandioso nas mãos, eu obrigava meu marido – que estava desempregado – a trabalhar comigo, coisa que ele fazia às vezes com gosto, outras a contragosto. Ele cozinhava muito bem, gostava de doces e era o encarregado de buscar as frutas dos produtores rurais e realizar as entregas, embora fizesse tudo em seu próprio ritmo. Por vezes, ele sumia e, sempre após o almoço, retirava-se para uma soneca.

Como pagamento por seu trabalho, Chico recebia um salário-mínimo, enquanto eu assumia todas as despesas da casa. Entre brigas sem trégua, vivíamos uma rotina com pouca paz, amor escasso e uma falta de respeito extrema.

Quanto mais alto o degrau, maiores as responsabilidades e, muitas vezes, as dificuldades. Portanto, mantenha-se firme em seu propósito e insista em seu negócio. Bons líderes não temem as adversidades.

14 – NADA COMO UM DIA DEPOIS DO OUTRO

Assim como meu pai, muitas pessoas duvidavam do meu propósito, já que ninguém conhecia frutas cristalizadas em Carmópolis e, na época, era difícil encontrar até mesmo quem comprasse doces, com frequência. Se eu tivesse desistido naquele momento difícil, hoje não estaria aqui, nesse livro, contando a minha história. Fazer doces era meu sonho. Só dali eu poderia tirar o sustento da minha família, depois de um ano de total desemprego. Entretanto, após começar a atender um grande fornecedor como a Leiteria Nevada, eu percebia que somente alcançar o ponto certo do doce não me traria bonança.

Com muita pressão sobre os ombros, eu tentava aumentar meu mix de produtos, criando inúmeras receitas. Para tal, comprava todos os doces das prateleiras do supermercado, sentia seus sabores e buscava recriar as misturas, sem sequer saber de seus ingredientes. Claro que isso sempre dava errado: eu não percebia que experimentava produtos industrializados para, depois, replicá-los no meu fogão a lenha. Assim, meus doces sempre estragavam porque não levavam conservantes – eu usava técnicas de produção diferentes das utilizadas nas indústrias. Com tantas tentativas fracassadas, meu prejuízo só aumentava.

No desespero, decidi reler o material que o Sebrae me enviara há meses e, em uma das páginas, descobri o Instituto de Tecnologia de Alimentos (ITAL). Liguei para lá e fui informada que, em breve, dariam um curso de frutas cristalizadas, compotas e geleias. Dentro de mim, eu sentia que precisava fazer aquele curso, mesmo não tendo recursos para viajar para Campinas (SP).

Eu acredito que, ao desejarmos algo profundamente, o universo conspire a nosso favor. E foi assim que minha amiga Flora, que na época também ministrava cursos de culinária em Belo Horizonte, me convidou para substituí-la em um curso de doce de abóbora e de mamão cristalizados. Mesmo sem estar totalmente capacitada para a tarefa, aceitei o desafio. Com o dinheiro que recebi, pude pagar minha inscrição no curso do ITAL.

Para o trajeto até Campinas, peguei um ônibus interestadual: era a primeira vez na vida que eu saía de Minas Gerais. Feliz com a oportunidade, eu acreditava que, no ITAL, encontraria respostas para todas as minhas dúvidas e voltaria especialista em frutas cristalizadas e outros doces.

Ao chegar na cidade, deixei minhas coisas em um alojamento e segui direto para o Instituto, que ficava logo ao lado. Lá, tudo era enorme e eu estava admirada com suas imensas instalações. Porém, ao entrar na sala de aula, senti que aquele mundo estava muito distante do meu. O conteúdo do curso era focado na produção industrial em larga escala, com um vocabulário técnico, que eu desconhecia. Naquele momento, eu só conseguia pensar: "o que estou fazendo aqui?", enquanto tentava assimilar qualquer informação. Dessa forma, soube que muito do que eu observava no mercado de doces tinha o seu porquê. Como exemplo, não é por acaso que as latas de pêssego em calda, na época, tinham sempre seis unidades. A medida era calculada para atender ao tamanho médio das famílias brasileiras. Coisas assim me fizeram descobrir que eu teria que melhorar muito para conseguir chegar perto da realidade do mercado. No curso, eu começava a entender o porquê dos processos e a importância deles para o sucesso dos negócios.

Quando o vocabulário ficava totalmente incompreensível, eu fugia da sala de aula e seguia para a riquíssima biblioteca do Instituto. Lá, encontrei muito material sobre doces artesanais e algumas receitas que me chamaram a atenção, como a de cenoura e de gengibre cristalizados. Essas eu trouxe comigo e, mais tarde, produzi seus doces, que se tornaram sucesso de vendas. Daquela semana, eu também levei um livro, que guardo até hoje, repleto de técnicas sobre como produzir doces em alta escala, além de vários ensinamentos, como um que assimilei bem: somente eu posso encontrar a saída para o meu negócio.

Com o término do curso, segui para a rodoviária, de onde liguei para meu marido. Queria saber se tudo estava bem, já que ele trabalhava no preparo de cocos para fazermos, depois, cocadas. Chico, então, contou-me da visita do Sr. Totonho, um empreendedor da cidade de Lavras, e sua esposa, dona de um empório. Os dois haviam conhecido meus doces na Leiteria Nevada e decidiram comprar uma remessa para revenda. Ao desligar o telefone, comemorei a notícia. Eu sabia, desde o início, que o maior ponto de vendas da BR-381 seria minha melhor vitrine para o Brasil.

No ônibus que me levava para casa, eu estava feliz, embora meu maior problema continuasse sem solução: eu não sabia como fazer doces cristalizados na escala que meu principal cliente demandava, muito menos na grandeza que meu sonho exigia. Entre cochilos e reflexões, eu olhava através da janela e me orgulhava da minha ousadia. Daquela pequena cozinha em Carmópolis, eu saíra para buscar conhecimento em um dos principais institutos de tecnologia de alimentos do país.

Estude a fundo seu nicho de mercado e aprimore-se continuamente. Um bom empreendedor é aquele que não se conforma com pouco, e sabe que o sucesso de seu negócio está em suas mãos.

15 - A NECESSIDADE É MESTRA

Desde o tempo em que trabalhei na roça colhendo sementes para vender, aprendi a estar atenta às possibilidades que apareciam ao meu redor. E foi assim que, ao retornar para Carmópolis, percebi um jornal jogado no chão, enquanto caminhava pela rua. Era um exemplar da Cooperativa de Crédito de Belo Horizonte, que trazia uma reportagem sobre uma doceira de Carmo do Rio Claro, uma cidade a 230 km de Carmópolis. No instante em que cheguei em casa, liguei para Dona Teresa. Do outro lado da linha, ela me atendeu com gentileza e me contou que Fátima, sua sobrinha, poderia me ensinar a fazer os doces que eu queria. Mesmo nos falando apenas por telefone, aquela conversa marcou minha trajetória.

Em fevereiro de 2002, liguei para Fátima e contei toda a minha história. Ela me escutou com atenção, embora não tivesse disponibilidade para me ensinar a fazer doces naquele período. Contudo, eu resolvi insistir e, semanalmente, ligava para a sobrinha de Dona Teresa.

Depois de várias tentativas, Fátima acatou meu pedido. Eu, mais que depressa, peguei um ônibus em Carmópolis e cheguei em Carmo do Rio Claro, no fim da tarde. Fiquei lá por uma semana aprendendo a fazer doces, na enorme fábrica que Fátima e seu marido comandavam. Naqueles dias, eles compartilharam comigo seus preciosos aprendizados, me instruindo sobre o que fazer ou não. Fátima tinha a ousadia dentro de si e chegou bem cedo no lugar onde eu almejava alcançar. Por diversas vezes, ela nem precisava me dizer o porquê das coisas. Eu apenas a observava e entendia: o aprender está na alma.

Fátima, assim como eu, também começou a fazer doces em casa, até que sua demanda cresceu, e ela resolveu arriscar-se em um parque industrial. Quando isso aconteceu, sua nova fábrica de doces tornou-se seu maior sonho realizado. Ela saiu do pequeno e foi para o grande, ao mesmo tempo em que o mercado se transformava. Aquele entendimento criado em minha infância, de que doces eram feitos somente em casa, não me pareciam mais uma verdade absoluta.

Fátima e sua equipe faziam os doces cristalizados mais lindos que já vi na vida. Ela foi minha grande mentora, não só na arte de fazer doces, mas também no direcionamento do meu negócio. Uma das coisas importantes que aprendi ali, apenas observando-a, é que eu deveria manter, sob o meu olhar atento, a gestão financeira da minha empresa.

Ao voltar para Carmópolis, eu estava cheia de expectativas: meu negócio finalmente daria uma guinada.

Um bom líder
é aquele que sempre
se atualiza, que aprende
com o outro,
que observa...
Portanto, busque
conhecimento,
sempre que possível,
e cerque-se de pessoas
inspiradoras.

16 – ANTES TARDE DO QUE NUNCA

Sonhos e desejos moram nas profundezas de nossas almas e ficam lá adormecidos, esperando o momento certo para despertar. Se não dermos atenção, eles se atrofiam e morrem, sem nem conhecerem a luz do dia.

Até os 31 anos de idade, eu nunca pensei em ter um carro. Dirigir pela autoestrada, como fez Lúcia, anos antes, não fazia parte da minha realidade. Porém, a necessidade de buscar frutas na roça e sair para entregar doces fez despertar, em mim, esse sonho.

O primeiro carro que eu quis comprar foi um Fusca, por ser o que eu mais conhecia na época. Meu cunhado Antônio tinha dois desse modelo e sempre emprestava um para Chico. Como eu não tinha dinheiro, pensava em como conseguiria fazer tal compra, até saber que, por coincidência, Antônio venderia um dos seus.

Naquela hora, decidi que compraria o Fusca, mas quase "caí dura" quando soube o valor: R$ 1.600. Como eu arrumaria aquele dinheiro, se já tinha uma dívida de R$ 5.000 para pagar? Para mim, no entanto, aquela era uma questão de necessidade. Munida de coragem, disse para meu cunhado que precisava muito do Fusca, mas só poderia pagá-lo em quatro parcelas. Para minha surpresa, ele aceitou minha proposta e, assim, comprei o nosso primeiro carro com mensalidades de R$ 400.

Naquele Fusca branco, correram centenas de quilos de todos os tipos de frutas. Abóboras, mamões, laranjas, além de quilos de açúcar, centenas de tachos de doces, litros e mais litros de leite e feixes de lenha. Tudo isso para honrar as parcelas que se mantinham abertas. Até ali, esse tinha sido um grande passo, não só para mim, mas também para a minha empresa.

Quando comprei o Fusca, ele era praticamente só a lataria. Seu motor teve que ser refeito e, quando passávamos em uma poça d'água, tínhamos que ser rápidos para levantar os pés para não nos molhar. De qualquer forma, eu não me importava: aquele carro era meu e eu não poderia estar mais feliz!

Com o tempo, começamos a reformar o Fusca, até que decidi que aprenderia a dirigi-lo. Como não tinha qualquer noção de direção, não foi nada fácil. No carro da autoescola, lembro-me da vez em que o instrutor me mandou sinalizar e convergir na rotatória e eu, simplesmente, entrei com tudo na contramão. Apesar de quase causar um acidente, não me intimidei. Continuei com meu aprendizado, e fiz cinco testes de direção, todos eles sem sucesso.

Após tantas tentativas frustradas, resolvi, então, treinar no meu próprio Fusca para, depois, fazer com ele a prova de direção. No dia do teste, lavei o carro e o deixei tinindo. Quando o instrutor se sentou ao meu lado, senti uma segurança que jamais experimentara na vida: aquele Fusca representava uma grande conquista, e me lembrava da minha capacidade de realização. Foi essa segurança que passei para o instrutor, conquistando, por fim, a minha tão sonhada carteira de motorista. Com o tempo, vieram outros carros e, com eles, crescia minha liberdade de ir e vir.

Quando as coisas derem errado, ao invés de desistir, persista. Lembre-se de todas as pequenas e grandes conquistas que você já fez ao longo do caminho; essa é sua maior força.

17 – DE GRÃO EM GRÃO, A GALINHA ENCHE O PAPO

Como um bom conselheiro, Seu Tezinho me disse uma frase que mudou para sempre meu modo de pensar sobre dívidas. Em meados de 2000, eu estava ao seu lado no alpendre, quando chegou um ambulante vendendo panelas. Naquele instante, disse ao meu sogro, com ingenuidade:
– Compra, Seu Tezinho, é a prazo.
E ele me respondeu:
– Ô, minha filha, o prazo vence, e vence na pior hora...
Aquelas palavras entraram na minha mente e me fizeram agonizar pela dívida de R$ 5.000 que eu ainda acumulava. Ele tinha razão: todo mês, os juros venciam na pior hora.
Depois daquele dia, tirei todos os "a prazo" da minha vida. Do total que eu recebia, eu separava o dinheiro da matéria-prima, das despesas da casa, do salário do meu marido, sendo todo o restante guardado para pagar minha dívida. Essa decisão fez toda a diferença para que, depois de quase cinco anos que peguei emprestado os

R$ 5.000 para construir minha cozinha, eu conseguisse quitar o valor e, assim, começasse a guardar dinheiro.

O dia que paguei a última parcela foi, sem dúvida, um dos momentos mais felizes da minha nova jornada como empreendedora. Senti como se tivesse acabado de atravessar um grande deserto e chegasse a um oásis de possibilidades. Para mim, nada é pior para os negócios do que dívidas acumuladas – elas tiram o sossego e fazem perder o foco.

Com as contas em dia, chegava a hora de sonhar mais alto: eu queria ter uma fábrica de doces. Já a imaginava no lote, que ficava ao lado da minha casa, aumentando nossa capacidade de produção, enquanto eu trabalhava perto dos meus filhos.

O tal lote era enorme, atravessava o quarteirão, e pertencia à família de Chico. Seu Tezinho havia comprado a parte de seus pais e irmãos, mas o mantinha com sua mãe. Quando ela faleceu, o terreno entrou em partilha, foi vendido e várias pessoas tentaram comprá-lo posteriormente, mas nada foi para frente por causa de uma briga familiar. Olhar para aquele lote, portanto, era como olhar para um sonho distante.

Quando chegou 19 de março de 2004, Dia de São José, decidi fazer a penitência das frutas. Nela, eu precisava escrever as 19 frutas que mais gostava em pedacinhos de papel, tirando um às cegas. Em seguida, fazia um pedido e, então, ficava sem comer aquela fruta durante um ano. No papel que tirei, estava escrito "jabuticaba", minha fruta predileta. Disposta a cumprir minha promessa, enviei aos céus meu pedido, que logo se transformou em um propósito: comprar aquele terreno e ali construir minha fábrica. No entanto, precisava ser aquele, ao lado dos meus filhos, onde tinha um antigo (e lindo!) pé de jabuticaba.

Cuide da saúde financeira da sua empresa com muita atenção. Dívidas acumuladas podem tirar o foco e a energia que você poderia estar usando para fazer seu negócio decolar.

18 – HÁ MALES QUE VÊM PARA O BEM

Com o tempo, meu negócio tomava forma e alguns princípios mostravam-se valiosos para mim. O principal deles é que meu trabalho é sagrado: dele, sempre tirei o sustento dos meus filhos. Tirzah e Gabriel são a razão da minha vida, portanto, eu precisava seguir, juntamente com meu negócio, alinhada ao propósito de torná-los grandes seres humanos.

Quando Gabriel tinha três anos, certo dia, escondeu o pão, a manteiga e o café para que nossa funcionária não lanchasse. Gabriel dizia não gostar dela, e a situação acabou fazendo-a chorar. Nesse período, eu estava enlouquecida com as dívidas que se acumulavam, cheia de encomendas para entregar, e fiquei bastante irritada com meu filho. Na cozinha, dei-lhe uma bronca, umas palmadas no bumbum e, em seguida, coloquei-o sentado em um banquinho, debaixo de uma macieira, para pensar no que tinha feito.

A partir daquele acontecimento, Gabriel começou a ter tiques nervosos e seu comportamento mudou. Meu filho passou a ter sensibilidade à luz solar, não conseguia ficar parado na cadeira e balançava a cabeça sem parar. Quanto mais tiques ele tinha, mais irritado ficava. Assim, ele adoeceu e eu adoeci também.

Nessa época, passei a receber duras críticas do meu marido e de sua família. Eles me culpavam por ter adoecido Gabriel. Desesperada, levei-o a vários médicos, mas nenhum conseguia chegar a um diagnóstico preciso.

Um dia, no entanto, sua pediatra me indicou um neurologista em Belo Horizonte e eu viajei, com meu filho, rumo ao consultório do doutor, que ficava ao lado do Edifício Maletta, prédio icônico da cidade. Ao entrar ali e compartilhar alguns dos sintomas de Gabriel, o médico me falou:

– Eu já escrevi sobre isso.

Em seguida, levantou-se calmamente, pegou um livro na estante e me mostrou o artigo. Gabriel, então, foi diagnosticado com síndrome de Gilles de la Tourette, um distúrbio no sistema nervoso que pode durar anos ou a vida toda.

Com o diagnóstico em mãos e vários medicamentos fortes, que logo fariam mal a Gabriel, voltamos para Carmópolis. Envolta em culpa e desespero, pesquisei tudo o que podia sobre a síndrome, ainda sem entender o porquê de ela aparecer no meu filho, já que geralmente surge na segunda infância, entre os 7 e 12 anos de idade, e Gabriel tinha apenas 3.

Hoje vejo a situação com mais clareza e sei, dentro de mim, que tudo acontece no tempo certo. Se Gabriel manifestasse a doença mais tarde, possivelmente não conseguiríamos que ele se curasse, já que um trágico acontecimento marcou nossa família e abalou nosso emocional, quando ele tinha 12 anos. Naquele momento, eu não teria tido forças para cuidar do meu filho, mas deixo, no entanto, essa história para depois.

Na ocasião do diagnóstico, minha cabeça se dividia entre tentar sustentar nossa família e ser o apoio que meu filho precisava. Mesmo com toda a agonia, eu tinha fé de que encontraria uma solução. Certo dia, uma cliente de São Paulo chamada Elenice, que mais tarde se tornaria grande amiga da nossa família, chegou para comprar doces, e eu compartilhei com ela minha angústia em não saber como ajudar os tiques de Gabriel. Ela me disse uma frase que nunca esqueci:

– Você recebeu uma pedra bruta para lapidar. Só o amor cura.

Por meio de Elenice, conheci um médico homeopata, que começou um tratamento especial com meu filho, aliado à terapia. Comecei a trabalhar com Gabriel na base do amor, enquanto ele ficava cada vez melhor.

Seu negócio não deve tirar coisas boas de você e, sim, te fazer aproximar delas ao máximo.

19 – FILHO DE PEIXE, PEIXINHO É

Sempre ao meu lado, Tirzah dividiu comigo, aos oito anos de idade, os cuidados com Gabriel. Enquanto ela estudava, fazia suas tarefas domésticas e vendia doces pelas ruas de Carmópolis, era comum ver o irmão esgarranchado em sua cintura.

Um ano mais tarde, Tirzah já fazia todas as minhas movimentações bancárias, sem precisar de procuração, uma vez que os funcionários do banco a conheciam. Foi ela também que ligou o primeiro computador da empresa e emitiu nossa primeira nota fiscal. Em todo esse tempo, eu nunca a poupei do serviço e ela nunca recusou suas tarefas: sabia, no fundo, das necessidades que tínhamos.

Quando completou 15 anos, fomos, juntas, até Aparecida do Norte, pagar minha antiga promessa para que ela se curasse da bronquiolite. Lá, eu mesma cortei seu longo cabelo, como prometera à Nossa Senhora e, com o dinheiro da venda de suas madeixas, compraram telhas para o santuário. Ao olhar para minha filha, naquela cidade repleta de significados, eu tinha a certeza de que a fé nos faz superar todas as dificuldades, além de nos tornar seres humanos melhores.

Foi com essa mesma fé, somada a um amor incondicional, que me dediquei ao processo de cura de Gabriel. Sempre muito enérgico, ele crescia a olhos vistos, enquanto corria e brincava pelo quintal e pela minha cozinha. Entre abóboras e mamões, tomou gosto por nosso negócio: aprendeu a comprar frutas, a fazer doces, tornando-se, mais tarde, fundamental para a empresa. Pouco a pouco, meu filho se libertava das amarras que o prendiam. Essa transformação só foi possível porque trilhávamos, juntos, o caminho do amor.

Posso afirmar, seguramente, que minha maior conquista na vida foi a de criar um negócio, ter meus filhos comigo, e ver que eles amam o que eu amo fazer. É muito nobre podermos passar conhecimentos e experiências aos nossos filhos, além de demonstrarmos a eles o amor pelo que fazemos. Isso é plantar sementes em seus corações que, no momento certo, poderão germinar e florescer. Assim como aconteceu comigo.

Quando fazemos as coisas de corpo e alma, todos que estão ao nosso redor se contagiam e acabam por encontrar algo para fazer e amar.

20 – A INTENÇÃO É QUE FAZ A AÇÃO

Em abril de 2004, eu embalava doces, quando entrou na minha cozinha o presidente da Associação Comercial de Carmópolis, o saudoso Claiton Jardim.

Claiton era um visionário, um desbravador do empreendedorismo: via oportunidades onde ninguém mais enxergava. Ele acreditava em mim, no meu trabalho, e dele ouvi um dos maiores incentivos para continuar meu negócio:

– Enquanto houver uma criança no mundo, vai haver consumo de doces!

Com Claiton, estava também Thales Marden, analista do Sebrae Minas na época. Ao ouvir meu nome – Maria José – ele sorriu largamente e disse:

– Conheci uma Mazé que fazia quitandas e, de agora em diante, só vou te chamar de Mazé. Para mim e para o mundo você será Mazé! Topa?

Sorri e, sem entender como aquilo seria, respondi que sim. Até aquele instante, ninguém nunca me chamara assim.

Na minha fabriqueta, parada na frente daqueles homens, eu recebia um presente, um grande tesouro – eu finalmente ganhava um nome. De Quinha do Dico do Zé Lima e de Maria José do Chico do Tezinho, agora eu me transformava na Mazé dos doces. Naquele momento, meu nome recebia um novo poder, uma força descomunal. Ali, minha vida se transformava: eu conquistava minha própria identidade.

Animada com meu novo batismo, soube que Claiton e Thales estavam diante de mim, na verdade, para me fazer um convite. O Empretec – seminário intensivo criado pela ONU e executado pelo Sebrae para a formação de empreendedores – seria realizado pela primeira vez em Carmópolis, e queriam minha presença. No mesmo segundo, lembrei-me da penitência das frutas, que eu fizera um mês antes para conseguir comprar o terreno onde construiria minha fábrica. Por meio daquele seminário, a vida me mostrava um caminho para alcançar meu objetivo.

Não me sinto presunçosa em dizer que, para mim, o Empretec foi até Carmópolis porque, naquele período, eu não tinha condições de sair da cidade para fazer o seminário ou qualquer outro curso. Acredito que ele chegou ali para ser a faculdade da minha vida: abrir minha mente e mostrar que tudo poderia ser diferente.

As palavras de Thales logo tornaram-se uma profecia e, como Mazé, ele me apresentou a vários empresários da região, além dos facilitadores do Empretec.

Após o seminário, percebi que todas as minhas características empreendedoras estavam aguçadas. Sendo assim, comecei a planejar, estabeleci metas financeiras, fiz projeções de vendas, e calculei o valor que teríamos em caixa até março do ano seguinte, levando em conta minha promessa. O Empretec também fez aumentar minha exigência com a qualidade dos doces, já que eu buscava, cada vez mais, superar as expectativas dos clientes. A maior lei da empresa nasceu nesse contexto: nunca venderíamos algo que não daríamos para nossos filhos comer. O seminário me deixou ainda mais comprometida com meu negócio, me tornando ávida por informações sobre doces e qualidade dos produtos. Passei também a ler tudo o que podia sobre como acumular dinheiro, e me debrucei sobre o livro que mudou minha visão sobre finanças: "O Homem mais rico da Babilônia".

No dia a dia, passei a delegar tarefas – algo que eu não sabia fazer até então. Contratei mais funcionárias e, com elas, fortaleci cada vez mais os valores que guiam a história da empresa. Um dos mais importantes é que, na Mazé Doces, composta majoritariamente por mulheres, ninguém deve falar mal de ninguém, principalmente das colegas mulheres.

Nessa época, descobri forças em mim que eu desconhecia. Entendi que tudo que eu desejava poderia se tornar realidade, caso eu me dedicasse e acreditasse em mim. Usei os conhecimentos adquiridos para desenvolver minhas habilidades e me transformei em uma fortaleza obstinada a fazer a diferença – mas ainda sem chupar jabuticabas, é claro!

O que o Empretec me trouxe

Planejamento. A primeira ação que implementei em meu negócio. Foi um desafio organizar, em um só documento, tantas ideias e desejos. Na minha opinião, o ponto de partida de todo empreendedor é fazer um bom planejamento e, a partir dele, programar e executar ações para transformar metas em resultados. Planejar é ver adiante, é desenvolver sua visão de futuro. Eu planejei a compra do terreno ao lado da minha casa e, aliado a ele, incorporei o item "fé", que visava sempre acreditar em mim e em Deus. Para fazer a compra, estabeleci a meta de R$ 200.000 e, com isso, todos os centavos foram economizados. Gosto sempre de dizer que, se você planejou algo e deu errado, não deve se culpar. Seja generoso com você mesmo e entenda que errar faz parte de sua jornada como empreendedor. Muitas vezes eu quebrei a cara e, em todas elas, saí mais forte e mais confiante na realização dos meus sonhos.

Propósito. Para ser um bom empreendedor, líder ou qualquer excelente profissional, é preciso se conhecer a fundo para perceber o que deseja e o que considera importante ao tomar decisões. Quando descobrimos nosso propósito, tudo passa a fazer mais sentido. Hoje, vejo que todas as habilidades que desenvolvi, desde a infância, contribuíram para que eu encontrasse meu propósito com clareza e, assim, pudesse concretizar meus sonhos. Na maioria das vezes, são nossos valores que nos levam ao nosso propósito. Quando tropeçamos ou caímos, precisamos desses valores para nos lembrar por que estamos ali. Uma dica é que não podemos empreender a partir de um propósito (ou de valores) que não conseguimos nomear. Sendo assim, identifique o que é importante para você: quais valores considera fundamentais para o seu negócio? O que te move? Ao tomar decisões, quais são os seus limites?

Na minha empresa, todas as metas estabelecidas na última década foram atingidas – isso é foco aliado ao propósito. Portanto, estabeleça metas que caminhem em conjunto com seus sonhos e – falo por mim – você se sentirá um vencedor com o passar dos anos.

Exigência de Qualidade e Eficiência. Aprendi no Empretec que, para construir uma relação de sucesso com os clientes, deve-se oferecer a eles uma experiência de qualidade. Isso permite que a empresa tenha um negócio mais consistente e consiga prosperar. Por isso, passei a exigir uma qualidade maior dos nossos produtos, atitude que acompanha, não só a mim, mas também a minha equipe. Na Mazé Doces, qualidade e beleza são igualmente importantes e, por sua vez, devem se apresentar em conjunto com o cumprimento de prazos, que é um combinado inegociável.

Para quem está começando, uma dica que gosto de dar é estabelecer o que é qualidade na sua empresa e, a partir desse levantamento, buscar sempre a excelência, em todos os colaboradores.

Comprometimento. Tornou-se meu mantra: essa é uma característica muito forte na Mazé Doces. Desde que redescobri o significado da palavra no Empretec, ela passou a nortear nosso negócio – eu e minha equipe somos extremamente comprometidas com tudo e todos. Tenho muita convicção de que eu sou a maior responsável pelo sucesso ou fracasso do meu negócio, o que me faz agir sempre com vigor e motivação.

Persistência. É uma das características mais importantes de um empreendedor. Ser persistente é manter-se focado, mesmo diante das dificuldades. Se antes eu fazia um doce ou algo que não dava certo, analisava meus erros e tentava, novamente, até acertar. Isso contribuiu para que eu não desistisse dos meus sonhos, em momentos desafiadores. Ainda hoje é assim: se for preciso, perco centenas de quilos de frutas até acertar uma nova receita.

Persistência é uma competência fácil de desenvolver? Não, não é. Você vai se deparar com a rotina, com medos, fracassos e inseguranças. Quando pensar em desistir, é importante se lembrar do seu propósito e seguir confiante em você mesmo, como se suas tarefas do dia fossem as últimas coisas a fazer, antes do seu suspiro final. Só assim, você conseguirá buscar forças para prosseguir e chegar mais longe. Portanto, persista na superação dos seus obstáculos para alcançar seus objetivos. Sempre vale a pena!

*Esteja aberto
aos presentes
do universo, eles chegam
embalados em pequenas
porções e podem
transformar
o seu existir.*

21 – QUEM NÃO ARRISCA, NÃO PETISCA

Depois da primeira visita de Totonho à minha cozinha – momento em que eu fazia o curso do ITAL em Campinas – o empresário de Lavras tornou-se nosso revendedor e, em seguida, meu amigo. Ao passar por Carmópolis, sempre parava para tomar uma xícara de café em nossa casa, ao mesmo tempo que me orientava na empresa e me incentivava a seguir em frente. Era final de 2001, quando ele me ligou e me pediu para assumir o compromisso de entregar, semanalmente, 20 kg de doce para ele revender a uma rede no Rio de Janeiro. Rapidamente, respondi "Impossível", já que a demanda era muito maior do que a minha produção.

Seu Totonho, porém, insistiu que eu conseguiria aumentar minha fabricação e, diante dos empecilhos que enumerei, ameaçou procurar outro fornecedor. No mesmo instante, respirei fundo e aceitei aquele enorme desafio. Começamos, então, a vender para uma grande rede no Rio de Janeiro, que usava sua marca própria para a revenda e, assim, meus doces chegaram à capital fluminense. Entre 2001 e 2005, Totonho comprava e revendia meus doces para 27 lojas no estado, e o dinheiro começava a entrar em nosso negócio (foi assim que consegui pagar minha dívida em meados de 2004).

Certa tarde, enquanto conversava com Totonho, ele me aconselhou:
– Está na hora de você criar a sua própria empresa.

E assim eu fiz. Aproveitei todo o conhecimento adquirido no Empretec e tomei coragem para formalizar minha empresa. Seis anos após vender meu primeiro tabuleiro de doces pelas ruas de Carmópolis, a Mazé Doces foi registrada: finalmente eu saía do mundo invisível dos informais.

Muitas vezes, o que parece impossível de se realizar pode ser a força impulsionadora para crescer e se reinventar.

22 – VÃO-SE OS ANÉIS, FICAM OS DEDOS

Até janeiro de 2005, meses antes do prazo final da minha promessa, meu sonho começou a tomar forma. Nesse período, tive a oportunidade de conhecer o Sr. Roberto, sócio de outra famosa parada na BR-381, que se tornou um excelente cliente e um grande mentor.

Desde junho de 2004, Tirzah e eu só gastávamos com o básico e caminhávamos juntas rumo ao nosso objetivo. Periodicamente, ela voltava do banco entusiasmada, ao notar um aumento em nossa conta de investimento. Naquela altura, nossa empresa já vendia para quase 30 lojas no Rio de Janeiro, além da Leiteria Nevada e de alguns grandes empórios mineiros, o que aumentava nosso faturamento anual.

Foi então que decidi dar um grande passo: estava na hora de comprar o meu tão almejado terreno. Na ocasião, cogitei comprar um outro lote, que o Sr. Tião tinha às margens da BR-381. Ao falar com meu marido sobre a questão, ele apenas me deu uma risadinha e respondeu:

– Para de sonhar alto, mulher...

Mesmo nas adversidades, a determinação sempre fez parte da minha jornada. Lembro-me que, em 2004, a jabuticabeira do terreno ao lado deu fruto por três vezes, e em abundância. Eu olhava para aquela enorme quantidade de frutinhas pretas e pensava: "Sou mais forte do que a minha vontade, meu propósito é muito maior, e tenho fé que vou conseguir".

Como eu precisava saber se o Sr. Tião me venderia o terreno, insisti que Chico fosse comigo. Meio contrariado, meu marido me acompanhou e o Sr. Tião disse que o terreno estava à venda, sim, mas não me deu credibilidade. Talvez por minha simplicidade ou por eu ser mulher, não consegui, portanto, fechar o negócio.

Nessa história, o pior era notar que nem Chico acreditava na possibilidade de compra. Não o culpo, já que ele não imaginava a imensidão que Tirzah e eu lutávamos para construir. Não compartilhei com ele nossa batalha porque, apesar de ser meu marido, todo dinheiro em sua mão virava vento.

Depois do ocorrido, tentei mais algumas vezes falar com o Sr. Tião, mas ele sempre olhava para mim com desdém e desconfiança. Sendo assim, voltei ao meu propósito inicial e entrei em contato com Zé do Lincoln, que era o proprietário do terreno ao lado da minha casa.

Zé do Lincoln também ficou ressabiado, mas tinha em mãos um lote que era só problema. Portanto, foi até minha casa, juntamente com Zé Lebron, um avaliador de imóveis da cidade. Eu os recebi em meu escritório que, na época, era um quarto da casa, que fechei a saída interna e criei uma porta social para o lado de fora.

Com hesitação, eles se sentaram, quando prontamente perguntei:
– Quanto o Sr. quer no terreno?
Ele me disse R$ 100.000 e, então, negociei:
– E se for à vista?
José Lincoln e José Lebron se entreolharam sem entender. Depois de um breve silêncio, Lincoln disse que poderia fazer um desconto de R$ 5.000 e, no mesmo instante, eu lhe estendi a mão. Negócio

fechado! Os homens estavam atônitos, mas não me abalei. Com orgulho na voz, liguei para o banco e perguntei ao gerente como deveria fazer para dar cheques com a menor taxa possível. Ele me orientou que os valores deveriam ser menores que R$ 5.000. Sendo assim, fiz cinco cheques de R$ 2.500 e dei como entrada para Zé do Lincoln. No dia seguinte, passamos a escritura e paguei o que faltava, totalizando R$ 130.000, que incluíam as despesas de cartório e percentuais dos outros proprietários. Aquele momento fez com que todas as dificuldades que atravessamos valessem a pena: a meta estipulada por mim e Tirzah havia sido alcançada e, com o restante do dinheiro, construiríamos, naquele lote, nossa fábrica de doces.

Enquanto eu e Tirzah vivíamos dias de êxtase, Chico estava na roça, alheio aos acontecimentos. Quando retornou, decidi que seria eu quem deveria avisá-lo da compra do imóvel. Ao lhe dar a notícia, no entanto, meu marido entrou em estado de choque. Perplexo, me perguntou:

– Você sabe o que são R$ 100.000? Com esse dinheiro dá para comprar quatro caminhões!

Há tempos, ele acreditava que administrar uma frota de caminhões seria uma forma real de ganhar dinheiro. De imediato, respondi:

– Pois bem, compramos quatro caminhões e colocamos açúcar em cima de um, lenha em cima de outro, frutas no outro e fazemos doces no quarto. Porque eu não quero caminhões, eu quero construir uma fábrica de doces!

Chico não conseguia conter sua revolta. Indignado, perguntou como tínhamos conseguido tanto dinheiro. Eu não queria dar muitas respostas, portanto, simplifiquei. Disse que havia sido minha penitência para São José. Meu marido, que não era bobo, logo juntou os pontos. Em um ímpeto de ódio, pegou seu machado e, ferozmente, partiu em direção ao pé de jabuticaba.

Assustada, corri atrás, com rapidez. Consegui chegar antes dele e, sem fôlego, abracei aquela que já era minha árvore sagrada. Chico, cego de raiva, começou a cortar a jabuticabeira, não se importando com a minha presença. Ao longe, meus filhos, aos prantos, assistiam à cena assustadora. A confusão era grande, mas, ainda assim, ele me arrancou à força da árvore e, com violência, jogou a jabuticabeira no chão. Ali, recuada, eu vi minha árvore sagrada tombada, porém, eu não estava como ela: eu permanecia de pé e mais obstinada que nunca a mudar minha vida.

Negociar é uma arte, assim como empreender. Ninguém nasce sabendo, portanto, leia sobre o assunto e peça ajuda, quando necessário. A facilidade vem com a prática.

23 – MEIO PEDRA, MEIO TIJOLO

Enquanto eu me assumia empreendedora e colhia os frutos da minha escolha, passei a negar minha individualidade e, principalmente, minha feminilidade. Surgiu em mim um desejo enorme de raspar a cabeça, de me sentar em um boteco "copo sujo" e tomar uma cerveja em meio aos homens. Na verdade, era uma vontade de ser livre e isso, para mim, significava ser como um homem, que carrega estruturalmente a liberdade dentro de si.

Dessa forma, adotei o uso de um boné e ali me escondi como mulher. Debaixo daquele acessório, encontrei forças que antes me pareciam ocultas. Eu me fortaleci e, sem medo, passei a correr riscos com a certeza de que podia tudo, desde que me entregasse ao trabalho duro e ao desejo profundo de transformar nossas vidas.

De peito aberto, enfrentei as forças contrárias, não só do meu marido, mas também das pessoas que diziam que eu estava louca. Louca em comprar um terreno, louca em fazer doces, louca em abrir uma fábrica na pequena Carmópolis. No entanto, a determinação me guiava: eu e minha espada invisível desbravávamos a selva, abrindo a trilha do meu novo existir.

Ao me conhecer e me transformar, comecei a perceber melhor os outros. Foram dezenas de livros, cursos, palestras: tudo o que se referia às pessoas, sempre me tocava mais. Quando falamos de "gente", tudo é possível. Já vi equipes se desfazerem, inclusive, durante uma experiência que tivemos com uma consultoria externa, anos depois. Na ocasião, sugeriram uma nova organização na empresa, com um responsável por cada setor. A mudança resultou em uma saída em massa dos funcionários e, de doceiras, restamos apenas eu e mais uma.

Após passar anos camuflada, debaixo daquele boné, um belo dia percebi que não precisava mais daquele recurso. Abandonei o acessório e, então, me redescobri enquanto mulher. Eu era capaz de enfrentar tudo o que surgia com coragem e, ao mesmo tempo, com um olhar de amor e generosidade. Assim como uma fruta nasce, cresce e se enche de caldo, eu me vi renascer para uma nova jornada.

Se alguma mudança for necessária para sustentar o seu poder, encare o caminho com alegria e aceitação. Todos temos nossas fases e processos.

24 – A UNIÃO FAZ A FORÇA

Com os R$ 70 mil que restaram da compra do terreno somados aos recursos adquiridos no período, conseguimos, finalmente, construir a nossa tão sonhada fábrica de doces. No novo espaço, eu e dezenas de funcionárias cumpríamos uma rotina que começava às 7h e se encerrava às 17h, de segunda a sexta-feira. Muitas vezes, esse horário se excedia para atendermos à crescente demanda e eu ficava ali, até tarde da noite. Aos sábados, trabalhávamos meio turno e, em seguida, eu oferecia um almoço para a equipe na própria fábrica, onde comíamos como uma grande família. Aquela era minha forma de demonstrar gratidão a todos aqueles que me ajudavam a realizar meu propósito.

Naquela rotina, eram frequentes minhas idas ao Ceasa-MG, não só para comprar produtos, mas também para conversar com os fornecedores, com os quais iniciei uma relação de amizade. Encontrar com Adir, por exemplo, nosso fornecedor de abacaxis, vale para mim mais do que milhares de frutas. Em uma conversa com outra fornecedora, certa vez, questionei o porquê de seu preço estar mais alto que os demais. Com segurança, ela me mostrou que sua fruta era orgânica e, portanto, tinha muitos benefícios. Sendo assim, passei a adquirir, a partir desse dia, seus produtos. Ao comprar meus doces, muitas pessoas não sabem que busco sempre oferecer o melhor.

Em 2006, quando muitos ainda duvidavam do meu propósito, Juca, um conhecido da família, fez o oposto. Disse que iria plantar laranjas da terra para a Mazé Doces e, assim, firmamos nossa primeira parceria com um produtor rural. Compramos centenas de mudas e entregamos para ele. Depois de quatro anos, o primeiro pomar de laranjas da terra frutificou e, de lá para cá, muitos outros pés de laranja foram plantados. Hoje não conseguimos consumir toda sua produção, que é vendida para outros produtores de doces da região.

Boa parte das frutas que usamos na empresa vem dos quintais de Carmópolis, onde mulheres cultivam tal matéria-prima com seus filhos e, assim, geram renda para toda a família. Graças a essas pessoas – que trabalham de sol a sol em seus cultivos – nós conseguimos fazer os melhores doces artesanais de frutas em nossa fábrica.

Cada atitude do nosso dia a dia passava a fortalecer, então, a principal filosofia da empresa: só podemos vender e oferecer para os outros aquilo que nós e nossos filhos comeríamos. Antes de tudo, a Mazé Doces precisa assegurar a qualidade de seus produtos.

Esse pensamento nos trouxe um desafio: a realidade dos nossos doces não combina com as exigências do mercado e do cliente final. Esse cliente busca produtos sem conservantes e feitos de forma artesanal, mas com a mesma vida útil dos produtos industrializados, o que é impossível.

Fazer frutas cristalizadas é um trabalho árduo e delicado, assim como criar uma joia. É preciso lapidar com muito amor e, então, esperar por sua transformação. Mesmo que pareça um produto simples, o processo de preparo do doce demora, em média, 30 dias – o que torna a produção especial. Para se ter uma ideia, o abacaxi e a abóbora cristalizados inteiros demoram cerca de seis meses para ficarem prontos.

Desde que comecei a fazer doces, sempre sonhei em ter um negócio nacionalmente conhecido, mesmo sendo artesanal. No entanto, não estávamos crescendo em produção e faturamento. Para isso acontecer, meu pensamento de produção precisaria ceder ao processo de mudança do cozimento dos doces e eu estava resistente: era difícil para mim deixar o fogão a lenha.

Passaram-se muitos anos até meus filhos me convencerem da importância de fazermos algumas transformações no processo produtivo. Eles plantaram em mim a semente da inovação para, talvez um dia, deixarmos a produção artesanal e entrarmos em escala industrial.

Para proteger nosso negócio e administrar a empresa que, com o tempo, passava a produzir toneladas de doces por mês, precisei me tornar ainda mais firme. Eu não estava disposta a corromper meus valores e, por isso, precisava provar, a todo instante, a integridade da Mazé Doces. Não daríamos prejuízo para ninguém, mas também não permitiríamos que ninguém nos prejudicasse.

Nos corredores da fábrica, meus sonhos se materializavam e meu propósito ganhava vida: fazer o melhor doce artesanal de frutas do Brasil. Mesmo diante dos inúmeros desafios, tudo se ajeitava aos poucos e transformava momentos amargos em um doce sabor de realização.

Um bom líder, além de estar sempre em contato com as pessoas, deve se conectar com ele mesmo. Só assim saberá o que precisa aprimorar e mudar.

25 – A FALA CONVENCE, O EXEMPLO ARRASTA

Certa vez, ao dar uma palestra no Centro de Referência de Assistência Social (CRAS), soube que, entre os jovens, estava uma menina de 15 anos, grávida. Na ocasião, fui contar minha história, decidida a mostrar àqueles adolescentes que nossas conquistas moram em nossos sonhos. Ser simples, não ter estudos e vir da zona rural não me impediram de caminhar rumo ao empreendedorismo e a realizar meus objetivos.

Algum tempo depois, ao abrir uma vaga na fábrica, fui entrevistar uma candidata. Olhei em seus olhos e então lhe perguntei o porquê de seu interesse em trabalhar na empresa. Ela me falou que, desde a minha palestra no CRAS, ela sonhava em trabalhar na Mazé Doces, mas não se candidatara na ocasião porque estava grávida – era ela aquela garota de 15 anos. Ela trabalhou conosco por mais de 7 anos e se tornou uma mulher segura de si, capaz de realizar seus sonhos, assim como ajudou a realizar o nosso: o de espalhar doçura pelo Brasil afora.

Na Mazé Doces, gosto de contratar funcionárias que terão conosco seu primeiro emprego – acredito que todas as habilidades são treináveis. Geralmente, as meninas chegam na empresa como pedras brutas e é uma alegria vê-las crescer e aprender nossa cultura. Na safra da jabuticaba, por exemplo, descaroçamos milhares de frutinhas. É um trabalho que exige foco, resiliência, rapidez e amor. Procuro, então, que sejam persistentes, determinadas, e que queiram estar ali, acima de tudo.

Ao entrevistar alguém para uma vaga, busco também que seus valores sejam próximos aos meus e aos de quem já trabalha conosco. Se por acaso isso não acontecer, inevitavelmente o funcionário não consegue se encaixar na equipe e acaba se desligando. Somos uma empresa pequena, mas com uma grande mentalidade. Muito mais que dinheiro, buscamos pertencimento, referência, reconhecimento. E é isso que guia minha gestão, porque sei bem que não fazemos nada sozinhos.

Quando alguém falta na empresa, normalmente eu entro em seu lugar, porque já fiz aquilo, em algum momento. Nessas horas, sempre me pergunto: como gostaria de ser tratada? O que me faria feliz aqui? Acredito que ler o outro é fundamental para a formação de um bom líder, já que essa percepção nos fornece as ferramentas necessárias para motivar a equipe.

Para mim, confiança é algo inegociável. Ao entrevistar uma candidata, sempre digo que vou descobrir logo se ela não for verdadeira comigo. Não é uma ameaça – apenas quero que me digam, inicialmente, com o que sonham trabalhar, como querem crescer para, depois, poder ajudá-las nesse caminho. Como prova da minha confiança, não existem estoques trancados na fábrica. Aprendi isso com meu avô Piquito.

Pai de minha mãe, vô Piquito andava torto em razão do peso do molho de chaves que carregava no bolso da calça. Ele vendia rapaduras, mas também laranja, mexerica, banana e o que mais lhe aparecesse. Com chaves para cada fechadura da casa, controlava o cacho de bananas que minha avó lhe pedia para oferecer aos netos. Nessas horas, ficávamos em fila indiana, "roxos" de fome, enquanto ele dava apenas uma fruta para cada criança e, depois, trancava o cacho novamente. Aquela avareza traumatizou minha mãe, e a mim, por consequência.

Além de zelarmos pela confiança, na Mazé Doces, todo novo funcionário assina um acordo que diz que ali devem prevalecer as regras básicas da convivência, permeadas no respeito, no amor e na união. Essa foi a forma que encontrei para que cada um se comprometa e, assim, nosso ambiente de trabalho seja sempre um lugar sagrado.

Com o crescimento da empresa, composta em sua maior parte por mulheres, surgiu um novo – e inesperado – desafio: a gravidez de algumas funcionárias. O problema, na verdade, era que algumas não aceitavam a gravidez das outras, o que gerava muita desarmonia. Por parte das grávidas, isso causava profunda insatisfação e, por consequência, muitos atestados médicos e ausências no trabalho.

Sem saber como resolver a questão, um dia ouvi um palestrante falar sobre um projeto de apoio às grávidas que existia em sua instituição. Foi nesse momento que me veio uma ideia e, assim, nasceu o "Mamãe Mazé". O projeto consiste em eleger, dentro da equipe, um "anjo", que vai cuidar da grávida na empresa durante toda a gestação. A pessoa escolhida terá a responsabilidade de ouvir, apoiar e orientar a futura mamãe, além de registrar os acontecimentos da gravidez em um caderninho. Esse processo cria laços profundos de amor e amizade entre essas mulheres, além de despertar, em toda a equipe, um sentimento de solidariedade e de respeito com a gestante.

Um tempo após o nascimento, buscamos a recém-mamãe e seu filho para uma pequena confraternização na empresa, onde todos podem conhecer o bebê e celebrar o feliz momento. Tenho muito orgulho desse projeto porque, mesmo diante de sua simplicidade, ele é riquíssimo na valorização da vida, das relações e do ser humano.

Ao entrar na empresa, todo funcionário também tem um mentor, que fica responsável por seu treinamento pelo período de um ano. No fim do prazo, os dois recebem uma premiação pelo esforço e pelo bom desenvolvimento de ambos. Além disso, nenhum novato trabalha na loja ou no escritório sem antes passar pela produção, onde vivencia todos os processos do setor. Essas práticas são para que aprendam, ao máximo, sobre os produtos que irão vender.

Na Mazé Doces, todos crescem, aprendem muito e se superam. Ao chegar na empresa, muitas vezes, essas mulheres, com suas inseguranças internas, não se sentem capazes de concluir simples tarefas, e eu gosto de ensiná-las até mesmo a dar o pequeno laço na embalagem, que chega aos clientes como um abraço.

Ao fundar a empresa, eu aprendi muito com a prática. Não usava luvas, não conhecia o ácido natural das frutas, tampouco piso industrial adequado: tudo, então, corroía meu chão e minhas mãos. Lembro-me bem do dia em que tive a sensação de que minha mão derretia. Assustada, fui até a farmácia e perguntei ao farmacêutico o que fazer e, no mesmo instante, ele me estendeu um par de luvas.

Nas finanças, também aprendi com a rotina, com os livros, os cursos, as palestras e, é claro, com a minha história de vida. Ao cuidar das contas e dos pagamentos, frequentemente me recordo do meu saudoso pai, um pessimista nato, que sempre me ensinou muito, com seu jeito simples de viver a vida. Ele nos dizia: "Se tá ruim, reza para conservar, porque pode piorar" e "A Fartura mora em prato raso". Lembrei-me dessa última frase ao conhecer o empreiteiro de nossa fábrica, tempos atrás. Ele me contou da riqueza que construiu, mas, com 30 anos de negócio, entrou em falência. O motivo envolvia drogas e brigas de família. Contudo, o que me tocou foi seu desabafo final: "Eu pensava que podia resolver tudo com dinheiro, mas não pude". Aquela história mexeu – e ainda mexe – comigo, porque, embora não seja possível prever os maus tempos, um dia eles podem chegar. Com isso, passei a me preocupar em ter sempre uma reserva financeira para os períodos conturbados.

Acumule experiência
e conhecimento, assim,
você poderá voar o mais
alto que puder.
Também cuide com zelo
e amor das suas
conquistas, elas serão
seu porto seguro
nos momentos
de tempestade.

26 - MAIS VALE UM GOSTO
DO QUE UM CARRO DE ABÓBORAS

Na época em que comprei o terreno da minha fábrica de doces, meu marido ficou deprimido por 40 dias, deitado no banco da varanda. Não me abalei, já que o imóvel estava parado há anos e eu tinha o grande sonho de construir ali. Desde aquele fatídico dia em que ele derrubou minha jabuticabeira no chão, vi o restante do amor que eu sentia por ele se acabar.

Em 2006, com a fábrica em pleno funcionamento, Gotti – um renomado contador de Carmópolis, que depois veio a se tornar nosso contador – disse que eu precisava vender para um supermercado conceituado que existia em Belo Horizonte. Na minha imaginação, o lugar era uma casinha no pé da serra e, portanto, não me interessei, até o momento em que descobri que se tratava de um local diferenciado, em franca expansão. Naquele instante, decidi pegar uma caixa de doces e marcar um horário com eles.

No dia combinado, esperei por muito tempo e fui atendida às pressas. O comprador não deu valor aos meus doces e saí de lá, indignada, dando por encerrada qualquer possibilidade de parceria.

Após um tempo, fiz uma venda para uma cliente em Belo Horizonte, e entregamos seus doces numa sexta-feira. Na segunda-feira seguinte, uma compradora daquele renomado supermercado entrou em contato conosco, dizendo que gostaria de vender nossos produtos. Como eu já havia me frustrado com eles anteriormente, não criei expectativas. Fui me aconselhar com o contador, que me incentivou a fechar a parceria o quanto antes: ter aquele supermercado como cliente seria um salto para a Mazé Doces. E ele estava certo.

Em Belo Horizonte, prestes a fechar uma grande parceria, percebi a importância de fazer tudo bem feito desde o começo. Durante a mentoria do Sebrae, fui orientada a preparar minha empresa para atender a todo tipo de cliente – dos pequenos aos grandes – e, sendo assim, os rótulos da Mazé Doces já continham códigos de barras. Coincidentemente, essa foi a primeira exigência da compradora. Com satisfação, mostrei a ela que os produtos já saíam da fábrica com tal identificação, coloquei meu preço e, então, fechamos negócio.

Feliz com mais um importante cliente na lista da Mazé Doces, era chegada a hora de realizar um outro grande sonho: abrir nossa loja em Carmópolis de Minas.

Animada com a ideia, falei para meu marido:

– Vou abrir uma loja aqui.

Ele me olhou, confuso, e respondeu:

– Para que você vai inventar de abrir loja? Vai vender doces para quem?

Apesar da reação negativa, eu já tinha tudo em mente:

– Vou abrir a loja e dar um presente para a minha cidade! Quero que todo carmopolitano tenha algo da nossa terra para levar de presente para amigos e parentes. Quero também que todo visitante que vier a Carmópolis tenha um local onde possa encontrar produtos diferenciados e de origem para saborear e presentear.

Ele me olhou, incrédulo:

— Você é louca! Continua a vender seus doces do jeito que está e para de inventar.

Sr. Roberto, meu mentor na época, foi o primeiro a me apoiar naquela jornada, com a indicação de uma talentosa arquiteta. Mayra Janaína acabou por se tornar uma grande amiga, que ajudou a solidificar muitos dos meus sonhos, inclusive essa primeira loja. Logo que nos conhecemos, ela me disse:

— Vamos visitar algumas lojas em Belo Horizonte para nos inspirarmos?

Sem pensar, respondi que não. Eu não queria. Queria a minha loja. Que fosse pequena, do jeito que sonhei, e com muitos espelhos.

Um dia, Mayra me perguntou o porquê dos espelhos e eu lhe contei. Quando era criança, gostava de ir a uma determinada farmácia da cidade com meu pai, onde me ajoelhava diante de sua vitrine espelhada e observava — maravilhada! — as bailarinas que dançavam nas caixinhas de música. Eu implorava para meu pai comprar uma para mim, mas ele dizia que todas eram da filha do dono da farmácia. Aquela imagem nunca saiu da minha memória e se mesclava com meu mais novo sonho: chegava a hora de ver meus doces bailarem nos espelhos da minha loja.

Enquanto a construção acontecia, algumas pessoas me perguntavam por que fazer um estabelecimento tão chique, e eu logo respondia que era assim que deveria ser — a loja era um presente para a cidade que eu amo e todo presente deve ser lindo. Em um desses dias, o analista do Sebrae me indagou, surpreso:

— Mazé, para quem você vai vender doces aqui?

E Joel, o marceneiro que montava a prateleiras, soltou:

— Ela vai vender para todos! Todo mundo gosta de coisas bonitas.

Aquela frase realmente me emocionou. Minha loja seria a primeira loja planejada de Carmópolis.

Apesar do motivo estar bem claro para mim, o analista não conseguia entender o porquê de investir tanto em uma loja, que ficava ao lado de três botecos "copo sujo": eram mais de 30 mil reais, só em material. No entanto, eu queria um lugar agradável de se ver – e estar.

A loja ficou linda e, logo na inauguração, em julho de 2007, as pessoas me enviaram flores em agradecimento àquele presente, que virou o maior sucesso de Carmópolis. Sinto muito orgulho em ter feito isso pela cidade. Eu queria ousar, fazer algo diferente. No começo, muitos achavam que seríamos roubados, já que a porta era inteira de vidro. No entanto, eu retrucava, dizendo que ladrões não buscam doces. E, de fato, eu estava certa.

Hoje somos muito gratos aos carmopolitanos pelo carinho e reconhecimento. Eles têm muito orgulho da loja e do nosso negócio. É um trabalho simples, mas que mudou a mentalidade da cidade: mostrou que podemos ser grandes e realizar sonhos, independentemente de onde estivermos.

Olhares incrédulos sempre irão existir para tentar abater grandes ideias. Saiba identificar suas intuições e **realize**. O pior que pode acontecer é não dar certo, aí você tenta de novo.

INGREDIENTES PARA INSPIRAR
SUA TRAJETÓRIA

Por trás de deliciosos tachos de doces, há sempre bons ingredientes, apesar de não existir receita mágica para fazer frutas cristalizadas, tampouco para empreender. É preciso tempo. Exercitar o olhar, apurar o gosto, aprender com o erro e nunca deixar faltar algumas coisas que, a meu ver, fazem muita diferença:

Quilos de amor
Eu acredito que tudo é possível quando trabalhamos com amor. E despertar esse amor é a grande transformação que devemos buscar. Pense por alguns minutos: o que te move? O que te faz feliz? Para trazer amor à nossa vida, é preciso, antes de tudo, compreender quem somos e o que nos completa.

Eu faço um exercício todos os dias: comunico meu amor pelo trabalho e pela vida, seja nas redes sociais, nas palestras, nas minhas orações ou nos rituais com minha equipe. Expressar esse sentimento, com verdade e gratidão, é uma força poderosa.

Colheres de coragem

Coragem é o que nos faz agir, apesar dos desafios, para que possamos resolver problemas e alcançar objetivos. A coragem também é o avesso da inércia e do conformismo: é a força que traz mudanças reais para a nossa vida. Muitas vezes, para encontrar esse ingrediente é preciso conhecer a decepção, o fracasso e até mesmo a desilusão. Foi em um desses momentos desafiadores que encontrei a dose certa de coragem que existe em mim – não foi fácil, mas, assim, pude entender que se trata de um ingrediente raro e de grande poder.

No decorrer do meu negócio, aprendi que coragem não é ausência de medo. O medo é apenas um aviso para sermos prudentes e tomarmos os devidos cuidados para minimizar os erros. Portanto, pondere sempre a situação, acredite em si mesmo e busque despertar a coragem que existe em você.

Litros de ousadia

Desde a infância até os dias de hoje, percebo que as pessoas nas quais me inspiro têm sempre uma coisa em comum: a ousadia. Ousadia é nos libertar de limites já estabelecidos – é ter coragem de ir além. Aprendi com minha mãe que esse ingrediente, muitas vezes, está relacionado a "fazer algo que não esperam de nós". Particularmente, me lembro sempre da minha ousadia, quando escuto tais frases: "nunca pensei que você fosse agir dessa forma", ou "você está louca em fazer isso". Foi a ousadia que me fez chegar em lugares que nunca imaginei – ela ampliou meus sonhos e me fez ser melhor.

Pitadas de iniciativa

Iniciativa é um ingrediente importante que faz com que possamos aproveitar as oportunidades da melhor forma, depois de identificá-las e analisá-las. É aquele passo que a vida espera de nós, antes de alcançarmos nossos sonhos.

Punhados de disciplina

A vida me ensinou que disciplina liberta e não aprisiona, ao contrário do que muitos pensam. A disciplina requer compromisso e motivação. É aquela força que faz com que nos levantemos da cama quentinha para lutar por nossos sonhos. É o plantar para depois colher. É o "sacrifício" que vem antes de dizer: "valeu a pena".

Para encontrar esse ingrediente em sua vida, é bom desenvolver alguns hábitos (foi assim que eu fiz!):
1. Tenha clareza do que você quer plantar.
2. Mesmo tendo muitas tarefas para realizar por dia, execute uma de cada vez.
3. Termine sempre o que começar.
4. Eleja suas prioridades.
5. Tenha metas claras e estabeleça prazos viáveis para concretizá-las.

Baldes de autoconfiança

Durante a vida, desenvolvi minha autoconfiança à medida que reconheci – e aceitei – minhas habilidades e limitações. Infelizmente, vejo muitas pessoas que perdem esse ingrediente quando fracassam ou surge algum obstáculo maior. Todos nós já passamos por momentos de insegurança, em que não nos sentimos suficientes para superar os desafios que nos olham de frente. Nessas horas, é bom listarmos todas as vitórias (pequenas ou grandes) que tivemos, além de todas as vezes que conseguimos dar a volta por cima. Se algo der errado, chore pelo leite derramado, caso tenha vontade, mas depois confie no recomeço, na reconstrução e siga em frente, de cabeça erguida.

Pingos de ajuda

Pedir ajuda? Sim, não há vergonha nenhuma nisso. Na minha vida pessoal e profissional, sou muito grata por toda a ajuda que tive, seja uma receita de doce, um contato de um possível cliente, um conselho de um mentor, um ombro amigo, uma oração, uma conversa para me fazer acreditar novamente em mim e nos meus sonhos. É importante termos com quem contar, além de nós mesmos, quando as coisas se tornam difíceis.

PARTE 3
DE MARIA A MAZÉ

27 – ANTES SÓ DO QUE MAL ACOMPANHADA

A mesma mão que acertava o ponto do doce também se defendia de um casamento doentio. A compra do terreno e a montagem da fábrica, por um lado, davam forma ao meu grande sonho e, por outro, despertavam em Chico comportamentos violentos, como a derrubada da jabuticabeira, que formavam a gota d'água para o meu pedido de divórcio. Naquelas circunstâncias, não era mais possível que eu e meu marido ficássemos juntos.

No dia 2 de novembro de 2007, quando estávamos a pleno vapor em nosso negócio, Chico vandalizou nossa casa e empresa, quebrando móveis e equipamentos, após mais uma briga. Daquele momento em diante, eu jurei que não ficaria mais casada com ele. Durante anos, me agarrei a um fio frágil para continuarmos juntos, pelo bem dos nossos filhos, mas, naquele instante, já não existia mais amor.

Munida de um dos sentimentos mais lindos do mundo – o amor-próprio – dei entrada, então, ao meu pedido de divórcio. A saída de Chico de nossa casa aconteceu por meio de ordem judicial e, com isso, ele ficou ainda mais enfurecido. Nossa separação tornou-se litigiosa, embora eu não me importasse: seguiria em frente, de qualquer forma.

Para que nossa separação não significasse danos à Mazé Doces, em razão do contrato de casamento que tínhamos, comecei a trabalhar muito para comprar a parte de Chico na empresa. No entanto, precisei pausar a consultoria que fazíamos e reduzir qualquer visita, porque passei a ser vigiada constantemente. Chico me cercava em casa, na fábrica, e vivíamos conflitos diários. Ele passava as noites sentado embaixo da janela do meu quarto e abordava os funcionários da empresa para que pudessem me convencer a retomar nosso casamento. Nesse período, eu sentia que poderia morrer. Chico era muito violento, conhecia bastante sobre armas e, sempre que me encontrava, insinuava uma tragédia em que três pessoas morreriam com ele. Sendo assim, eu temia pela minha vida, pela vida dos meus filhos e pela dele. Diversas vezes, pensei em largar tudo e ir embora. Entretanto, não foi o que eu fiz.

Ao recorrer a um dos meus mentores, recebi o conselho de não desistir do meu sonho, embora minha família e meus amigos defendessem a continuidade do meu casamento, com medo de que algo pior acontecesse. Com esse único apoio, me muni de forças e segui em frente, com determinação. Chico moveu ações contra mim e contra a Mazé Doces, me acusando de tudo o que podia: de traição e, também, de deixá-lo com dificuldades financeiras. Foi assim que o juiz ordenou que eu pagasse a ele uma pensão alimentícia e o valor do aluguel da empresa, depositados em juízo.

Sob o efeito de álcool e remédios, Chico começou a se transformar. Ficou cada vez mais agressivo, tomando calmantes por conta própria. Na época, passei a organizar tudo o que eu tinha na empresa e na minha vida pessoal, me preparando para o pior.

O Natal chegou e, com ele, veio uma das fases mais atribuladas da empresa, não só na fábrica como na loja. Eu me dediquei ao período com afinco, até quase "sumir": emagreci tanto que as calças de trabalho não paravam mais na minha cintura.

Passado o período de festas, já no começo de 2009, fui a Belo Horizonte com meus filhos. Eu queria levar Tirzah para terminar o cursinho. Aproveitei o momento para ir com Gabriel ao shopping center e, por volta das 11 horas da manhã, eu estava em uma loja comprando calças novas quando meu telefone tocou: era uma de nossas funcionárias.

Ao ouvir sua voz descontrolada, minhas pernas perderam a força e minhas mãos se paralisaram. Fiquei tão pálida que a atendente da loja veio me socorrer com um copo d'água. A tragédia anunciada aconteceu. No dia 02 de janeiro de 2009, Chico decidiu colocar fim em sua própria vida.

Na vida, muitas vezes passamos por situações difíceis, em que não enxergamos saída para nossos problemas. Contra tudo e todos, persista.

28 – A GRATIDÃO É A MEMÓRIA
DO CORAÇÃO

O suor molhava suas costas e, com o machado nas mãos, ele pensou: "O dia foi bom, mas o tempo está mudando. É hora de juntar a lenha". Em seguida, pegou seu "moringo" – uma espécie de caneco feito com uma lata de massa de tomate – e despejou nele a água que restava em sua cabaça[12]. Ali, bebeu até a última gota e sentiu na boca o gosto da cabaça, que se misturava com a ferrugem do moringo. Depois, empilhou todo o seu trabalho, buscou a vara de medir e, orgulhoso, contou oito metros de lenha picada. Juntou seu machado, sua lima de amolar, e os escondeu em uma moita de Maria Preta[13]. O cheiro forte do ramo fez com que se lembrasse da mãe, que varria, com a planta, o forno de assar biscoitos. Naquele minuto, bateu uma saudade de tudo o que não vivera com ela, enquanto pensava o motivo de sua mãe ter morrido tão cedo, de barriga d'água.

---

[12] cabaça: designação popular dos frutos das plantas dos gêneros Lagenaria e Cucurbita. Tem inúmeras utilidades, inclusive ajudar a conservar a água fresca.
[13] Maria Preta: planta herbácea, de reconhecido valor medicinal, originária das Américas.

Contudo, não adiantava mais lamentar. A vida era outra e ele já tinha sua própria família para cuidar. Pegou, então, seu embornal[14], tirou dali uma palha de milho e uma lasca de fumo, que ele mesmo torceu com as mãos. Com o velho canivete, cortou calmamente a palha e o fumo, enrolou o pito[15] e levou-o até a boca. Riscou seu velho isqueiro, acendeu o pito, puxou um trago, e se pôs a caminhar, pensativo.

Depois de descer o morro, tirou suas botas furadas, suas calças remendadas, sua camisa suada e entrou no rio. A água turbulenta do rio da Mata Grande batia, com força, em seu peito cadavérico, ao mesmo tempo em que ele segurava, com as mãos para o alto, seus trapos de roupas e seu embornal com uma velha marmita vazia.

Naquele dia, ele havia almoçado arroz, feijão, angu e couve, e ansiava comer o mesmo no jantar. Depois de vencer a correnteza e atravessar o rio, secou-se com as mãos, vestiu suas roupas e, em seguida, apertou o passo – nuvens pretas e relâmpagos anunciavam uma tempestade.

Após atravessar a mata, avistou, de longe, sua velha casa. No mesmo instante, agachou na cerca de arame que se encontrava à frente e adentrou seu terreno. Antes mesmo de escurecer, tratou do porco, verificou se a vaca estava apartada do bezerro e entrou em casa. Na cozinha, encontrou minha mãe – com sua enorme barriga de gestante – e meus irmãos Beth, Celinho e Carminha.

Minha mãe, que já sentia as primeiras dores do parto, nada disse ao meu pai. Segundo ela, não queria que chamassem a parteira, pois era uma experiência muito sofrida. Ela sonhava em me ter em Oliveira, uma cidade que ficava a mais ou menos 50 km do nosso sítio.

---

[14] embornal: saco que contém comida; bornal.
[15] pito: cigarro.

De madrugada, meu pai acordou com o barulho de uma tempestade, que se misturava com a voz de minha mãe: ela estava em trabalho de parto. Como era impossível buscar ajuda naquelas circunstâncias, ele pegou meus irmãos, os trancou em um quarto e, sozinho, fez meu parto. Sob a luz fraca de uma lamparina, entre relâmpagos, trovoadas e muita chuva, eu cheguei ao mundo.

Com carinho, meu pai nos limpou, me enrolou em uma mantinha, me colocou nos braços de minha mãe e, em seguida, foi até o galinheiro. Matou uma galinha gorda, fez uma caneca de caldo e deu para minha mãe tomar. Levo comigo a gratidão por meu saudoso pai, que me trouxe à vida com tanta bravura e amor. Algo ali me fez diferente. E forte.

Anos depois, quando atravessava meus piores desertos, eu me perguntava: "Por que eu? Por que comigo?". Nessas horas, eu retornava ao meu nascimento e me vinha a certeza de que havia muita coisa importante ainda para viver.

Espelhe-se em pessoas fortes, corajosas e amorosas e lembre-se sempre delas quando os tempos se tornarem difíceis.

29 – A DOR É FÉRTIL: DELA SE BROTA A FORÇA

Após receber a notícia da morte de Chico, peguei meus filhos e voltamos, juntos, para Carmópolis. Na porta de nossa casa, pessoas se aglomeravam, com comentários maldosos e olhares curiosos, enquanto o velório acontecia na residência ao lado. Foi muito difícil viver aquelas 24 horas. Os dias que se seguiram, porém, não se mostraram melhores: julgamentos e acusações começavam a fazer parte da minha vida.

Naquele período, eu sentia como se toda a dor do mundo houvesse caído sobre mim. A culpa me dominava e as noites transformaram-se em longos dias. Em minha mente, os porquês cresciam como pipocas na panela e eu conheci o caos que meus pensamentos eram capazes de criar.

Eu me considerava a pior das mulheres, mas precisei ignorar minha dor para conseguir segurar meus filhos com punhos de aço. Sendo assim, calei meus sentimentos, me agarrei aos meus sonhos e segui em frente, mesmo me sentindo desestruturada, infeliz, e não merecedora das minhas conquistas.

Com a alma em frangalhos, me veio uma recordação da infância. Quando tinha uns 11 anos de idade, fui buscar lenha, juntamente com minha irmã Carminha e minha prima Ivanir, na mata do Carlos do tio Odanana. Para chegarmos, atravessamos uma cerca de arame farpado e subimos um pequeno terreno íngreme. Na mata, sacamos nossos facões e ficamos por horas a cortar as árvores meio secas. Depois, reunimos os galhos finos e picados e fizemos, com eles, três feixes de lenha, amarrados, para levarmos para casa. No entanto, eu não conseguia levantar meu feixe de lenha e colocá-lo sobre a cabeça porque era mais pesado do que eu. Para me ajudar, Carminha pegou em uma ponta do feixe e Ivanir em outra. Eu me ajeitei no centro e, quando elas saíram das extremidades, aquele monte de lenhas bateu diretamente na minha cabeça, com força. Imediatamente, senti uma dor aguda, meu pescoço se virou com o peso, mas, mesmo torta, desci o pasto com minhas lenhas, determinada a acompanhar as meninas até a primeira cerca. Ali jogamos os feixes para o outro lado, mas não consegui terminar a jornada: eu sentia uma dor imensa.

Ao chegarmos em casa, minha mãe nos repreendeu duramente, depois colocou panos quentes em meu pescoço dolorido. No dia seguinte, meu pai me montou na garupa do seu cavalo e, num trote só, levou-me até a casa do Tio Valdomiro, onde tia Nazita, sua esposa, me aguardava. Ela era a maior benzedeira da região e, prontamente, sacou seu novelo de linha grossa, sua agulha, e começou a coser em volta do meu pescoço. Sussurrando, ela dizia: "Nossa Senhora do Carmo, a virgem Maria e sua fé te curam", repetindo por várias vezes, em um ritual de fé. A dor começou lentamente a melhorar e aquele rito foi repetido por mais três dias, até que meu pescoço estivesse curado.

Deitada na cama, dias após Chico ter falecido, apeguei-me a essa lembrança e ao mantra de Tia Nazita. A fé sempre me tirou as dores do corpo e da alma, nos momentos de maior agonia da minha vida. Essa mesma fé veio novamente me salvar e me fazer levantar.

Sentindo-me fortalecida, foi então que resolvi mudar o rumo dos meus negócios: não queria mais trabalhar com atacado. Eu sonhava com a liberdade de vender para o consumidor final, sem a complexidade comum ao atacado, em que você precisa ceder, a todo instante, às exigências dos clientes. Em posse do meu desejo, decidi que era o momento de expansão da Mazé Doces.

Conversei com minha filha Tirzah, fui a muitos lugares e, sempre no caminho, estava Divinópolis, uma cidade com mais de 200 mil habitantes, a uns 100 km de Carmópolis. Quando fui até lá, pela primeira vez, a estrada parecia um tapete, o que facilitaria meu acesso. Além disso, achei a cidade muito interessante e pensei: "vou abrir uma loja aqui". Encontrei o ponto que queria, liguei para Tirzah para consultá-la, confabulei com a arquiteta e, em seguida, avisei o Sr. Roberto, meu mentor, sobre minha decisão. Mais uma vez, fui encorajada por suas palavras:

– Taca-lhe pau! Se sua loja já deu certo na pequena Carmópolis, em Divinópolis será muito melhor!

Na época, eu tinha bastante dinheiro em mãos e, após uma leve pesquisa de mercado, mergulhei com a cara e a coragem naquele novo projeto. A loja era grande, com 40 metros quadrados, e Mayra, minha arquiteta, fez um projeto para reformá-la com materiais de primeira qualidade. Naquele momento, nossa marca era escrita em preto e impressa em papel Kraft, até que Mayra me disse:

– Está difícil fazer uma loja desse tamanho com o repertório que essa logomarca nos dá. Não tenho elementos.

Foi então que ela me indicou um escritório de design gráfico em Belo Horizonte, sendo que eu nunca ouvira falar sobre design daquela forma. Quando fui até a profissional que lá trabalhava, expliquei que precisava de algumas coisas para a loja de Divinópolis, mesmo sem saber direito o quê: "talvez uma placa e uma marca para os uniformes".

No fundo, eu tinha vontade de fazer algo diferente, mas não sabia por onde começar. Sendo assim, a designer me pediu para falar um pouco sobre a minha história e eu lhe contei do motivo de ter começado a fazer doces.

Dias depois, ela me apresentou sua proposta para a loja e eu lhe disse que estava ótimo, sem me empolgar. A designer, no entanto, não gostou do retorno e me pediu mais oito dias, sem adicionar custo algum: queria que eu ficasse satisfeita com o resultado.

Quando voltei ao seu escritório, ela tinha uma nova identidade visual para a Mazé Doces, que foi apresentada, em detalhes:

– Essa é uma fruta, mas dentro dela, nesse coração, está representado o amor que você tem pelo seu trabalho e pelos seus filhos.

Senti muito amor, carinho e uma grande identificação com a nova marca, que nasceu das mãos de uma profissional que também se apaixonara pela nossa história. Com a nova identidade da empresa definida, percebi que o amor interiorizado naquela fruta faria com que as pessoas se conectassem ainda mais à Mazé Doces.

Meses depois, com uma nova programação visual, inauguramos a loja de Divinópolis e revitalizamos também a de Carmópolis, que ficaram igualmente lindas. Ao mesmo tempo, renovamos as embalagens dos nossos doces e os produtos passaram a ganhar mais vida e visibilidade nas gôndolas de todo o Brasil.

Mesmo com duas lojas em funcionamento, minha mentalidade ainda era de roceira – eu lidava de forma ingênua com as situações inéditas que surgiam. Em Divinópolis, sempre havia um publicitário ou produtor cultural na porta da loja e eu era procurada com frequência para patrocinar eventos. Assim, gastava grande parte do nosso dinheiro ali, com o objetivo de trazer mais clientes e fazer a diferença na cidade.

De segunda à sexta-feira, eu acordava bem cedo, supervisionava a produção, a loja de Carmópolis e, em seguida, carregava o carro com novos produtos e seguia para Divinópolis. Com uma rotina atribulada, comecei a perder o foco nos negócios: não comandava bem a fábrica, nem as lojas. Além disso, as funcionárias contratadas em Divinópolis, embora tivessem experiência, faziam com que vivêssemos problemas diários.

A nova loja da Mazé Doces ficava no lado esquerdo de uma avenida importante em Divinópolis e o estacionamento, entretanto, ficava no lado oposto. Na época, não sei se errei no ponto ou na gestão: o aluguel do imóvel era caríssimo, eu levei algumas pessoas de Carmópolis para trabalhar e viver em Divinópolis e, além disso, investi muito na montagem da loja e em publicidade.

Com tantos problemas, contratei uma consultoria que procurou inúmeras soluções para melhorar meu negócio, mas percebi que as pessoas vêm de fora com ideias prontas, e a solução, muitas vezes, mora dentro de nós.

Outra dificuldade que surgiu, na ocasião, foi um desentendimento com uma pessoa importante em Carmópolis, que passou a mandar a fiscalização bater na loja, constantemente. Eram fiscalizações em vão, mas que sugavam a minha energia. Juntamente com minha disposição, o dinheiro também começou a ir embora: perdi o foco e passei a me endividar cada vez mais.

Me pus a pensar que, ao invés de ter aberto uma loja em Divinópolis, se seria melhor ter comprado o grande terreno que ficava no centro de Carmópolis, na rua debaixo da fábrica. Certamente seria mais fácil, mas eu teria me acomodado e ficado na mesma cidadezinha, sem ver a expansão e o aumento da visibilidade da minha marca. Ir para uma cidade maior, com todos os problemas que encarei, foi o passo que precisei dar para que mais pessoas conhecessem a Mazé Doces.

Frequentemente, surgiam matérias em jornais e revistas que contavam minha trajetória. Nessa época, obtive diversos reconhecimentos pelo meu empreendedorismo: recebi o troféu "Maria Elvira Sales", da Associação Comercial de Belo Horizonte, venci o prêmio "Mulher de Negócios", do Sebrae-MG, participei e venci o concurso "Cante sua História", também do Sebrae. No "Cante sua história", tive a alegria de ver minha história sendo interpretada por grandes artistas como Arlindo Cruz, Nando Reis e Gabriel, o Pensador, o que me deu uma grande projeção e me colocou em contato com muitas pessoas.

2011 e 2012 foram marcados por sérias dificuldades financeiras e inúmeros problemas. No entanto, foram também os anos em que mais tive divulgação do meu trabalho e um reconhecimento vindo de todos os cantos do Brasil.

De repente, todo mundo começou a falar de mim e do meu empreendedorismo. Eram muitas as reportagens em jornais, revistas e até uma matéria, na "Veja", que me fez ainda mais conhecida. Quando a revista saiu, o telefone começou a tocar dez, vinte, trinta vezes por dia. Os problemas, entretanto, não davam trégua: insônia, esgotamento, cansaço e dívidas sem fim.

Eu me sentia exposta, como se tivessem arrancado minha pele. Me faltava apoio e amparo. "Entre dinheiro ou fama, o que é mais fácil de lidar?", eu sempre me perguntava. Naquela ocasião, eu descobri. Com muito dinheiro, você pode aplicar, investir. Com a fama, não. Se você não tem estrutura para tal, não sabe manejar os acontecimentos, assim como eu não soube. Eu deixava de falar com as pessoas e elas diziam que era porque eu estava famosa, mas não era verdade – eu estava exausta e perdida. Recebia cartas e ligações de todo o país com pedidos de ajuda, mas eu também precisava de ajuda e não sabia a quem pedir.

Quando ousei abrir a loja em Divinópolis, eu tinha uma boa reserva financeira e sonhava em fazer uma expansão por meio de franquias, com muitas lojas espalhadas pelo Brasil. Contudo, não fiz uma análise mais profunda do mercado, ao mesmo tempo em que não tinha uma boa equipe para me dar suporte. No período, Tirzah fazia sua graduação em Ouro Preto e Gabriel ainda era pequeno. Como eu viajava muito a trabalho, comecei a perder o foco, o dinheiro, o entusiasmo, a alegria, e até minha coragem para continuar. Sendo assim, minha única alternativa foi recuar.

No Carnaval de 2012, eu estava em Divinópolis quando liguei para meu marceneiro e lhe contei sobre meu novo plano. Minutos depois, subi na escada que coloquei em frente à loja e desci com a placa da Mazé Doces – a mesma que dois anos antes eu me orgulhava em levantar. As vendas ali se consolidavam aos poucos e as pessoas começavam a me conhecer e a apreciar nossos doces, mas eu não sentia mais amor por aquela loja. Chegava, então, a hora de virar a página.

Com a ajuda do marceneiro e de alguns funcionários, estacionamos os carros da empresa naquela movimentada avenida, colocamos todas as mercadorias dentro e, assim, fui embora de Divinópolis. No dia seguinte, os clientes começaram a me ligar, perguntando o porquê da minha saída repentina. Hoje vejo que a loja de Divinópolis foi o maior erro da minha vida, mas também o maior acerto, porque foi uma oportunidade de revitalizar nossa marca e torná-la conhecida. Eu perdi o foco, perdi dinheiro e muitas coisas deram errado porque eu agia por frustração.

Apesar disso, eu não poderia parar para me lamentar. Tinha muito para solucionar e retomar o que havia perdido. Com frequência, eu me lembrava de como me sentia todos os dias, às 5h da manhã, quando saía para correr. Cansada, eu olhava para o morro à minha frente e pensava: "Você vai chegar lá!". E eu sempre chegava. Estava determinada a vencer a mim mesma, que é o maior desafio que um ser humano pode ter.

E assim, vencendo a mim mesma, dia após dia, e trabalhando incansavelmente, em 2 anos, a Mazé Doces se recuperou financeiramente.

Quando olho para a experiência da loja em Divinópolis, penso que minhas falhas me levaram a desistir daquele negócio. Pela primeira vez, não tive a persistência necessária para dar um outro rumo para a minha história. Atualmente, vejo que errei em alguns pontos:

Falta de planejamento – não fiz um bom planejamento, não estudei o mercado a fundo e não analisei o ponto da loja a partir de vários ângulos. Agi por impulso e com muita emoção. Apesar de conhecer as regras para avançar em um novo projeto, eu simplesmente as ignorei, pois queria respirar novos ares de liberdade.

Pouca cautela – um pensamento que ataca quem consegue uma boa reserva financeira é que o dinheiro nunca vai acabar, o que não é verdade. Eu gastei muito com a loja em Divinópolis e isso se tornou um problema. Meu conselho é: cuide do seu dinheiro como se fosse uma joia preciosa, porque ele é.

Falta de autocuidado – com o turbilhão de emoções que passei em minha vida pessoal, deixei os sentimentos ditarem meus passos e me descuidei do meu bem mais valioso: minha saúde física e mental.

Estresse – a falta de sono e o excesso de responsabilidade pesaram tanto que me sufocaram, fazendo com que eu não enxergasse mais beleza na vida. Isso é um perigo, pois, quando tudo fica cinza, a tempestade cai sobre nós impiedosamente.

Ingenuidade – por ter "alma de roceira", eu confiava demais nos outros. Acreditava que todas as pessoas que me cercavam eram boas, mas, na verdade, muitas só queriam tirar proveito da minha fragilidade. Portanto, confie desconfiando, pois poucos se preocupam realmente com você. A grande maioria quer, na verdade, conseguir a maior fatia possível do seu bolo.

Apesar das dificuldades, aprendi a ter coragem para decidir – e isso é algo que me traz muito orgulho. Mesmo que você não faça uma boa escolha, tomar uma decisão é a melhor forma de se libertar. Com a loja em Divinópolis, eu falhei em alguns aspectos, mas tive coragem para recuar, traçar novos caminhos e seguir rumo à realização dos meus sonhos. Custou caro? Sim. Ouvi os piores rumores? Também. E o que fiz? Ignorei-os, assim como o sol que, mesmo diante da escuridão, se impõe devagar até que sua luz tome conta do dia.

    Hoje vejo claramente que era possível fazer daquela loja um sucesso. No momento, não consegui perceber tal fato, o que geralmente acontece quando estamos frustrados, tristes, ou cheios de sentimentos negativos. Tais emoções não nos deixam enxergar o óbvio. Por isso, quando nuvens negras pairarem sobre você, respire fundo e busque conforto naquilo que preenche sua alma. Pare um pouco. Enquanto esperamos, conseguimos descansar e, dessa forma, nossas emoções se acalmam e dão lugar a uma maior clareza dos pensamentos. Antes de tomar uma decisão, dê uma pausa para si mesmo, sem deixar seus sonhos esfriarem e perderem o sabor. É assim que penso atualmente: o tempo é o senhor de tudo.

Um bom líder não é apenas o que sabe investir em seus sonhos, mas aquele que sabe mudar de rota, recuar no momento certo e recomeçar, caso tudo dê errado.

30 – DEVAGAR SE VAI AO LONGE

Em 2014, fui selecionada para participar de um programa do banco Goldman Sachs, em parceria com a Fundação Dom Cabral, uma das melhores escolas de negócios do mundo. O programa se chama "10.000 Woman", uma iniciativa global que promove o crescimento econômico, proporcionando, às mulheres empresárias, educação em negócios e gestão, aconselhamento, networking e acesso à capital. "10.000 Woman" foi um passo importante em meu processo de recomposição. No treinamento, os especialistas em gestão de crise batiam muito na tecla de que havia uma crise econômica se aproximando do país naquele ano. Sendo assim, reuni toda a minha equipe e avisei com convicção:

– Vamos atravessar um deserto. Calcem as botas, saquem as espadas, porque teremos muita dificuldade pela frente.

Depois desse dia, passamos a economizar nos mínimos detalhes e a ajustar o prazo de recebimento das nossas vendas que, até aquele momento, era muito longo. Assim, comecei a organizar melhor nosso fluxo de caixa. O ano que assolava nosso país em uma grande crise financeira se tornou o período em que tivemos um dos melhores faturamentos, os melhores índices de produção e o maior crescimento do número de novos clientes, até então. Eu estava com o pensamento afiado e com a mentalidade voltada para superar desafios.

Em 2016, eu e meus filhos – Tirzah e Gabriel – paramos para refletir sobre nosso negócio, fazer novas mudanças e planejar novos voos para a Mazé Doces, com o objetivo de fortalecer ainda mais nosso propósito: ser referência na fabricação de doces artesanais de frutas no Brasil e no mundo.

No ano de 2017, buscando melhorar nosso processo produtivo, decidimos desvendar a história por trás dos doces cristalizados. Depois de muitas pesquisas, Tirzah descobriu a região de Provence, no Sul da França. Lá, na cidade de Apt, considerada a capital mundial das frutas cristalizadas, localizavam-se algumas das fábricas mais antigas e renomadas na arte dessa doçaria. A França foi a responsável por aperfeiçoar e espalhar pelo mundo essa tradição, originalmente árabe. Após séculos de produção, os doces cristalizados passaram a formar uma rica indústria naquela região. Foi emocionante descobrir que uma tradição provençal atravessou o Atlântico e se tornou um produto de sucesso na pequena Carmópolis de Minas, por meio do nosso negócio. Sendo assim, Tirzah nos propôs aquela viagem familiar, em um momento que precisávamos nos recompor, após uma sequência de anos difíceis.

Após chegarmos em Apt, fomos ao museu que reúne mais de 300 anos de história dos doces cristalizados, o que abriu para mim um grandioso universo. Estava tudo resumido naquele espaço: as primeiras ferramentas, os processos e a história das fábricas com mais de 150 anos. Ali, tivemos as inspirações que motivaram as mudanças adotadas em nossa fábrica, ao voltarmos para o Brasil.

Em Apt, visitamos indústrias que estavam há mais de um século no local onde foram fundadas, com uma distribuição que abrange toda a Europa. Ao me ver naquela cidade, a emoção tomou conta de mim: era tudo muito próximo do que já fazíamos no Brasil. Além disso, eu estava em outro país com meus filhos, realizando um sonho que era fruto do nosso trabalho.

Todos esses sentimentos me fizeram entender que sempre chega uma hora em que precisamos ousar e sonhar mais alto. Nossos doces já eram desejados pelo Brasil afora, mas como poderíamos aumentar a produção, se não fosse por meio da inovação da tecnologia de fabricação? Meu dilema, por tempos adormecido, voltava com força total para me ajudar a construir um novo capítulo da nossa história.

Em 2018, mudanças no processo produtivo começaram, então, a ser implantadas na Mazé Doces. Tachos foram feitos sob medida e, assim, o sistema de cozimento das frutas se alterava. A forma de fazer doces mantinha-se artesanal, mas essas modificações trouxeram melhores condições de trabalho para todos, além de aumentar – e muito! – a qualidade final dos produtos. Enquanto essas transformações aconteciam, ocorriam também atrasos nas obras da fábrica, o que resultou na diminuição de cerca de 30% da nossa produção, durante cinco meses, além de receitas perdidas por causa do novo sistema de cozimento. Para somar, enfrentei também a resistência de grande parte da equipe, que estava acostumada ao antigo processo. A batalha era árdua, assim como tantas outras que vivi, mas que foram vencidas com persistência e determinação.

2018 não foi só um ano de grandes mudanças no processo produtivo. Foi também o período em que decidi apresentar ao mundo nosso trabalho, por meio das redes sociais, e realizar um sonho antigo: vender doces on-line. Muitos especialistas diziam que não seria possível. As palavras eram mais ou menos essas:

– Doce é preciso experimentar, para só depois o cliente comprar – é algo de nicho. Com essa distância, você não vai conseguir gerar desejo nas pessoas!

Na ocasião, eu ouvia esses comentários, inconformada, pois acreditava que era possível, sim. Então, comecei a me perguntar: "Como vou realizar meu propósito? Como as pessoas vão conhecer nossos doces?"

Foi nesse momento que me joguei nas redes sociais, apresentando nosso trabalho para o mundo. Por ali, eu compartilhava não só o simples ato de fazer um doce, mas também o nosso dia a dia e a beleza da doçaria. Dessa forma, eu me via no caminho para realizar meus sonhos e inspirar outras pessoas. Aos poucos, eu me posicionava no cenário digital, fortalecia minha imagem e percebia que vender on-line estava cada vez mais perto de se tornar realidade.

Nesse período, eu fiz uma homenagem à saudosa Lúcia Santos em minhas redes sociais – aquela Lúcia do começo da minha história, que guiava o carro na autoestrada com uma determinação que eu nunca vira antes. Aos meus vinte e poucos anos, ela representava a mulher forte que eu gostaria de me tornar. Me recordo que, em 2005, tive a oportunidade de contar para ela o que sua vigorosa presença significou em minha trajetória. Ao escutar minhas palavras, Lúcia chorou, emocionada, e meu coração se encheu de gratidão por tê-la como exemplo. Muitas vezes, não sabemos como nossa existência pode fazer a diferença na vida de alguém. Quando entro em meu carro e seguro o volante, sempre me lembro de Lúcia: assim como ela, eu guio minha vida com força e coragem.

Em 2019, completou-se 20 anos desde o primeiro tacho de doces que fiz e saí pelas ruas para vender. Na ocasião, começamos a nos preparar para os próximos 20 anos da Mazé Doces, sem perder nosso maior diferencial: fazer doces artesanais de frutas, sem aditivos químicos. Foi em novembro desse ano que ousei fazer uma Black Friday pelo WhatsApp, já que nosso novo site estava em construção. Foi um enorme desafio, mas, diante do sucesso da empreitada, encerramos o ano com a plena certeza de que era possível, sim, vender doces on-line.

Começamos 2020 com muitos planos de expansão, que incluíam uma nova fábrica, uma grande loja às margens da BR-381, além de uma maior abrangência no universo digital. As expectativas em relação à nova loja eram grandes, pois sendo a rodovia o grande eixo entre Belo Horizonte e São Paulo, nós teríamos nesse corredor uma grande vitrine para o Brasil. Ao mesmo tempo, eu buscava realizar meu desejo de que toda pessoa que pesquisasse na internet por doces artesanais de frutas pudesse encontrar a nossa loja e fábrica, tornando mais conhecido, não só o nosso trabalho, mas também a cidade de Carmópolis de Minas. Um dos meus sonhos é transformar a nossa pequena Carmópolis na capital nacional das frutas cristalizadas.

Com tantos planos para realizar, de repente, veio a pandemia do novo Coronavírus. Apavorada, pensei: "E agora, o que vou fazer?". De imediato, tomei decisões para proteger as pessoas e a empresa e, em minhas madrugadas insones, imaginava que a Mazé Doces talvez não sobrevivesse àquele tsunami.

Das dezenas de clientes de revenda que tínhamos espalhadas pelo Brasil, apenas um permaneceu aberto. Da noite para o dia, vi meu sonho se desmoronar e ainda havia um agravante: ninguém sabia ao certo quanto tempo aquilo iria durar.

De mãos atadas, decidi fazer o que verdadeiramente eu sabia: doces! Voltei para a fábrica e ali, sozinha, me dediquei a melhorar e a aperfeiçoar as receitas das frutas cristalizadas inteiras, como é o caso do abacaxi e da abóbora, que eu desenvolvia há mais de 3 anos. Entre frutas e incertezas, eu encontrei forças para continuar a divulgação da Mazé Doces, por meio das redes sociais, atividade que eu pausara por vários dias.

Dessa forma, o inimaginável aconteceu. Pedidos on-line começaram a chegar, tendo por trás, um lindo motivo: como as pessoas estavam impossibilitadas de se encontrar por causa da pandemia, elas queriam, de alguma forma, estar presentes nas vidas dos parentes e amigos que amavam. E, assim, em meio a um dos momentos mais desafiadores da humanidade, nossos produtos seguiam para os quatro cantos do Brasil, levando afeto, carinho e amor em forma de doces.

Com meu sonho de vender doces on-line realizado, me vi fortalecida e, desse modo, começamos a produzir ainda mais para o fim do ano. Muitos especialistas recomendaram cautela nas produções, mas algo em mim acreditava que precisávamos ter um considerável estoque.

E, de repente, aconteceu algo inédito em toda a trajetória da Mazé Doces. No dia 10 de dezembro, as toneladas de doces que tínhamos pré-prontos já estavam vendidas, esperando apenas a entrega. Vivemos um problema maravilhoso, embora desafiador, pois as pessoas, além de estarem inconformadas por não termos produtos, ainda precisavam esperar um mês para que os doces ficassem prontos novamente.

E assim iniciamos 2021: com muitos tachos de doces borbulhando e o replanejamento de todo o futuro da Mazé Doces. Eu, Tirzah e Gabriel percebemos que era preciso enxugar a empresa e torná-la mais produtiva e competitiva. Investimos nosso tempo, portanto, na criação de mudanças no setor de produção e administração e, em 6 meses, transformamos o que levaríamos, em outros tempos, mais de 3 anos. Uma nova fábrica e a loja às margens da BR-381 viraram projetos para o futuro, daqueles que deixamos quietinhos no canto das possibilidades. O momento era de criarmos receitas diferentes e nos prepararmos para os novos tempos, o que significava caminhar junto às transformações: tanto as minhas, quanto as dos meus filhos. Para a nossa felicidade, encerramos o ano com a maior produção e o maior faturamento da história da Mazé Doces, o que comprovou nossa certeza: quando acreditamos em nossos sonhos e trabalhamos com afinco e consistência, é possível vencer todos os desafios.

Apesar de muitos afirmarem que não daria certo, eu sempre acreditei no meu sonho de vender doces on-line. Eu passava dias e noites pensando em como gerar desejos nas pessoas, mesmo de longe, e foi aí que resolvi mostrar minha rotina nas redes sociais.

Você acha que eu sabia fazer esse tipo de atividade desde o começo? Claro que não! Contratei uma mentora para me treinar não só no Instagram, mas também para preparar minha mente para esse tipo de trabalho. Lembro-me do primeiro *story* que fiz: eu tremia e suava tanto que o celular caiu da minha mão. No entanto, eu segui firme e confiante na minha nova versão, visto que diariamente temos a oportunidade de nos reinventar. Depois de alguns dias, eu já não sentia medo nem vergonha, porque acredito que nunca podemos ter vergonha de apresentar ao mundo quem somos e o que amamos fazer.

Por isso, repito: peça ajuda quando sentir necessidade. Não tenha receio de dizer que não sabe. Muitas vezes não sabemos mesmo, mas e daí? Ninguém sabe tudo. Além disso, aprenda a filtrar o que ouve, até mesmo dos que estão próximos a você. Na maioria das vezes, eles querem apenas te proteger, mas a crítica nem sempre é adequada ao seu momento.

Apesar dos julgamentos ao meu redor, eu não me abalei. Fiz do "bom dia" o meu mantra de persistência e, assim, lancei a Mazé Doces no mundo digital, o que fortaleceu ainda mais nosso negócio.

Com isso, aprendi que, mesmo que os ventos pareçam desfavoráveis, devemos ouvir nossos corações e confiar em nossa intuição. Acredite em seu potencial, se aprimore e lute com coragem e bravura. É preciso salvar nossos ideais do conformismo para, assim, vermos florescer nossos mais lindos sonhos. Essas não são apenas palavras bonitas, mas o sentimento e a realidade de quem viveu esse processo com intensidade e amor.

Por décadas no universo dos doces, meu sonho é contribuir para que mais pessoas encontrem dentro de si seus propósitos. Quero inspirar empreendedores a moverem seus negócios, com determinação, coragem e amor. E, principalmente, desejo ensinar a arte da doçaria para muitos e, assim, trazer de volta, para milhares de brasileiros, a tradição milenar de apreciar doces artesanais de frutas.

Quando seu propósito te encontrar, trabalhe nele com muito amor, e siga sempre sua intuição.

CAPÍTULO FINAL

Tudo é possível quando acreditamos e fazemos com amor

Mexo o doce e noto que o tacho, redondo, tem o mesmo formato da saia de uma bailarina. Me encontro nesse formato, cíclico, que é também a forma da vida. A gente volta, sobe, desce, se alegra, se entristece – no ciclo ou na dança. Nesse movimento, existem dias em que a bailarina cai ou o doce desanda, e é essa experiência – da doceira ou da bailarina – que compõe o equilíbrio e o amadurecimento.

Você viu como a vida me surpreendeu? Quantas coisas aconteceram: boas e ruins? Hoje, entendo e valorizo cada passo. Cada tombo. Cada salto.

Muitas vezes, deixamos de fazer algo por medo de não dar certo ou até mesmo pelo julgamento alheio. Nessas horas, recuamos, deixamos nossos sonhos paralisados, ali no cantinho, e seguimos sem sentir doçura pela vida. São nesses momentos que precisamos ter coragem para pensar: se falam ou pensam isso ou aquilo de mim é porque não calçam meus sapatos e não sabem onde meus calos doem.

Por tempos, me vi nessas encruzilhadas: precisava enfrentar o julgamento, o olhar de suspeita na espreita. Com os anos, aprendi que, na maioria dos casos, as desilusões são do outro e não minhas.

Nesse bailar da vida, colho os frutos da minha árvore plantada no dia 21 de fevereiro de 1971, quando aqui cheguei. Cresci, me desabrochei, me enchi de flores, e tive frutos preciosos: Tirzah, Gabriel e a Mazé Doces.

Tirzah é meu braço direito na empresa, competente, inteligente, amorosa, dedicada, que, desde o início, nunca mediu seus passos para me acompanhar nessa doce jornada. Com uma capacidade indescritível na busca por informações e soluções, ela sempre nos leva rumo às inovações, e a ela devo muito do que conquistei. Ela é a mãe de Liz, a terceira geração da Mazé Doces. Liz enche nossos dias de felicidade e alegria e, assim como eu, é amante da natureza: ama as plantas, as flores, as frutas e principalmente os doces. Ela é uma das muitas sementes que plantei em meus sonhos. Quantas mais irei colher? Essas respostas eu não tenho. No entanto, levo sempre comigo a coragem e a determinação para mudar o que for preciso, principalmente pelos meus filhos e pela minha empresa.

Gabriel, sempre muito dedicado e com um apoio incondicional, é o responsável por parte das inúmeras mudanças no processo produtivo da empresa. É um filho amoroso, determinado, corajoso, estudioso, proativo e com uma inteligência indescritível. Ele é grato a tudo na vida e caminha seguro, rumo à realização dos seus sonhos.

Não foi nada fácil viver tantas desilusões com meu marido, mas é lindo olhar para os frutos desse amor: só sinto gratidão e reconheço que sou o que sou porque Chico fez parte da minha vida.

Alguns dizem que tive sorte, outros, que criei minha própria estrela. Minha certeza é que, com muito amor, pude criar meus filhos próximos ao meu trabalho e, com isso, eles se tornaram adultos amorosos, gratos a mim e ao nosso negócio. Eles têm plena consciência do quanto o ato de fazer doces transformou as nossas vidas.

As características empreendedoras que nos dizem ser importantes, e que correm nas veias de todos nós, podem não só transformar o mundo dos negócios, mas também nossas vidas. Na minha opinião, o maior e mais lucrativo negócio que temos é viver com plenitude e consciência, todos os dias.

De tempos em tempos, recomeço meu negócio... Recrio a dança. E faço isso porque sei recomeçar e porque aprendi que a mentalidade de escassez não pode ganhar espaço na minha empresa. É preciso trabalhar destemidamente, da mesma forma que me ensinaram na infância, com a certeza de que dias melhores virão. É tenso, muitas vezes desgastante, mas também é prazeroso e traz felicidade. É a vontade de ser Bolshoi.

Quando viajei para a França, pude realizar aquele sonho infantil de sair do Paiol para fora do país. Na ocasião, eu já havia alcançado vários dos meus objetivos, e então percebi que não precisava deixar minha terra para ser feliz. Eu entendi que quero mesmo é viver, envelhecer e morrer onde eu nasci. Hoje posso viajar para onde eu quero, quando eu quero, mas não preciso mais ir embora. Descobri que o mundo de lá, por mais bonito que seja, é igual ao que tenho aqui. Quem muda, na verdade, somos nós. E eu mudei, na minha simples maneira de existir. Mudei meus pensamentos, minha vida e a história que meus filhos estavam destinados a viver. Ninguém sabia onde eu poderia chegar, mas eu sabia que precisava buscar o melhor.

Nasci com fome de viver, de engolir o mundo, de sonhar grande. Soprei arroz com força para enviar para o universo a minha vontade de ser gigante. E foi com essa crença absoluta em mim mesma, que aprendi a superar todos os caminhos que minha história tomou.

Hoje acredito que empreender é como viver. Não é um caminho reto, linear e ascendente, em que se chega ao pico. É uma jornada. Desertos e oásis sempre vão existir, mas é importante olhar para eles com amor, e saborear os aprendizados que nos deixam.

Desde aquela virada da Mazé Doces, após a falência que vivemos com a loja de Divinópolis, aprendi a ter uma boa reserva financeira, fazer bons investimentos e efetuar mudanças sem criar dívidas. Me empenho nisso, porque quero estar sempre pronta para eventuais mudanças de rota, com um bom planejamento e menos riscos.

Quando me recordo de tudo que produzíamos lá no Paiol e depois vendíamos a troco de nada, penso na importância de valorizarmos nosso trabalho. Certo dia, ainda no início do meu negócio, uma moça foi até a fábrica para comprar coco ralado, que custava R$ 7 o quilo: um valor justo, porque já estava preparado e, com ele, fazíamos nossas cocadas. Achando caro, ela me pediu para vender apenas a metade do pacote, que estava congelado. Mal pude acreditar que, pela primeira vez, me escapou um não. Naquele dia, eu perdi uma cliente, mas aprendi uma das minhas maiores lições: eu me posicionei na vida.

Em minha trajetória, já chorei muito, sofri bastante, mas conto minhas tristezas com um sorriso no rosto, pois não estou aqui para fazer bengala do meu passado. Eu abracei meu propósito e precisei me valorizar muito para vivê-lo. Há momentos em que é preciso tomar uma decisão: ou é o outro ou sou eu. E, se for para escolher, que seja sempre a mim. Assim, encontrei minha liberdade – ela eu não vendo por nada.

No decorrer da vida, deixei de ser a filha do Dico do Zé Lima e a mulher do Chico do Tezinho para ser eu mesma. E é esse o lugar que todos deveriam ter no mundo: não pertencemos a ninguém, a não ser a nós mesmos e a Deus, nosso criador.

Sentada aqui, a apreciar o pôr do sol, em frente à Serra da Lage, o que posso dizer é que não são centenas de lojas da Mazé Doces espalhadas pelo Brasil, nem milhões em nossa conta bancária, mas uma satisfação enorme em saber que um trabalho simples pode transformar a vida de tanta gente: a minha, a dos meus filhos, as daqueles que trabalham conosco e a de quem saboreia e presenteia com as nossas delícias.

AGRIDOCE

Do Paiol para Carmópolis, e de Carmópolis para o Brasil, eu não desbravei o mundo dançando pelo Bolshoi, mas voei alto e continuarei a voar, até onde nossos doces chegarem, porque "tudo é possível quando acreditamos e fazemos com amor"!

De coração, agradeço a você que reservou um tempo da sua vida para conhecer a minha história. Desejo que você acredite mais em si mesmo, realize seus sonhos e seja muito feliz!

Nos encontramos por aí!

Um beijo,

Mazé Lima

MÚSICA DO SEBRAE

"A vida era empoeirada
Pano, balde e escada
Numa das mãos a vassoura e, noutra, a criançada
Pensava em dar emprego
Não ser desempregada

Mas essa vida amarga
Tava com as horas contadas
Fez, do marmelo, bananada
Sua nova escada
E a vida ficou docinha, toda açucarada

E se eu disser que a faxineira da agência bancária
Quando entra no banco é a Mazé empresária
Foi na ordem da bandeira
Foi buscar progresso
Apareceu no Sebrae, hoje virou sucesso

A minha vida hoje virou verso
O meu negócio é fazer sucesso!"

Concurso Cante sua História – SEBRAE